Julia Dibbern

Geborgenheit

Julia Dibbern zählt zu den innovativen Erziehungsexpertinnen Deutschlands. Im In- und Ausland gibt sie Kurse zur Eltern-Kind-Bindung und naturnahen Erziehung. Mit ihrem Mann und ihrem Sohn lebt sie in der Nähe von Hamburg. Weitere Informationen unter *www.juliadibbern.de*.

Julia Dibbern

Geborgenheit

Wie Kinder sie spüren und
Eltern sie geben können

www.beltz.de

© 2014 Beltz Nikolo in der Verlagsgruppe Beltz • Weinheim und Basel
Konzeption und Lektorat: Tarek Münch
Gestaltungskonzept: Atelier Bea Klenk, Bea Klenk/Sabina Riedinger
Satz und Herstellung: Lelia Rehm
Umschlagfoto und Innenteilfotos: © Marlen Mauermann
Abbildung S. 31: © Julia Dibbern
Druck und Bindung: Beltz Bad Langensalza GmbH, Bad Langensalza
Printed in Germany

ISBN 978-3-407-72712-1
1 2 3 4 5   18 17 16 15 14

Inhalt

OH, WIE SCHÖN IST ...

Geborgenheit kann überall sein: zu Hause, in der Natur, beim Kuscheln oder Träumen und bei den besten Freunden. Ein Kind, das sich geborgen fühlt, ist **eins mit der Welt.**

Wo finden Kinder ihr Panama?

Der kleine Bär und der kleine Tiger leben glücklich und zufrieden in ihrem kleinen gemütlichen Haus am Fluss. Dort haben sie »alles, was das Herz begehrt«, und brauchen sich vor nichts zu fürchten. Ein Boot haben sie auch.

Kuscheln und Verstecken

Eines Tages nun findet der kleine Bär im Fluss eine Kiste, die verführerisch nach Bananen duftet. Auf der Kiste steht das Wort »Panama«. Das klingt paradiesisch – genauso paradiesisch, wie die Kiste riecht. Also verlassen Tiger und Bär das kleine Haus am Fluss und machen sich auf, das bananenduftende Panama zu entdecken, wo alles noch größer und noch schöner ist als zu Hause.

Auf ihrer Reise erleben sie allerhand und machen es sich immer wieder gemütlich. Sie bauen einen Unterschlupf gegen den Regen und wärmen sich am Feuer, sie finden Pilze und essen sich satt. Bei neuen Freunden erleben sie, wie gemütlich ein Plüschsofa zum Schlafen ist. Und stellen immer wieder fest: »Wir brauchen uns vor nichts zu fürchten.«

»Wir sehen die Welt nicht, wie sie ist. Wir sehen sie, wie wir sind.«

Anaïs Nin

● ● ● ● ●

Sie brauchen sich vor nichts zu fürchten, denn sie haben einander, sind erfindungsreich, finden Freunde. Und sie haben ein Ziel.

Im echten Leben machen sich kleine Menschen selten auf nach Panama, aber die Freude am Schönen, Haltgebenden ist dennoch da. Gerade Kinder sind Meister darin, in jedem Moment Beziehungsschätze zu entdecken.

Friedas Kopf liegt auf Rajas Bauch. Ihre Hände streichen durch das zottelige graue Fell. Weich und warm ist sie. »Raja ist meine Schwester«, sagt die Sechsjährige. »Meine Fellschwester. Manchmal stinkt sie, aber das ist nicht schlimm, so ist sie halt.«

Es ist Wochenende. Friedas Mutter hängt die Wäsche auf und summt kaum hörbar vor sich hin. Wochenenden mag Frieda. Alles ist dann so entspannt. Der Duft von frischen Waffeln zieht durchs

Geborgenheit heißt, zu jemandem zu gehören

Wohnzimmer. Friedas Vater backt sie. Rajas Nase zuckt, die große Hündin hebt den Kopf. Und Frieda springt auf: »Papa, wann gibt's Waffeln? Ich geh Mathis holen!«

Sie flitzt hinaus. Mathis ist ihr bester Freund. Er ist fünf und wohnt nebenan. Friedas Eltern und Mathis' Eltern teilen sich einen Garten. Als die Kinder zurückkommen, wird es laut im Haus. »Waffeln! Waffeln! Waffeln!«, brüllen beide. Mathis fühlt sich bei Frieda fast genauso daheim wie bei sich zu Hause. Friedas Eltern sind meistens da. Entweder sitzen sie am Computer oder basteln im Garten irgendwelche tollen Sachen. Oder sie sind für die Kinder da. Mathis findet das gut. Seine Eltern fahren jeden Morgen in die Stadt und kommen erst abends zurück. Dann spielt sein Vater mit ihm Lego. Manchmal, am Wochenende, gehen sie auch essen oder fahren in den Zoo.

> Geborgenheit ist zu wissen, dass sich jemand auf einen freut

Bei seiner Oma gefällt es Mathis aber auch. Sie wohnt direkt nebenan, und sie ist lieb und weich und warm und macht für alle Kinder, die Mathis mitbringt, Berge von Pfannkuchen. »Immer rein in die gute Stube«, sagt Mathis' Oma dann. »Je mehr, desto besser.«

Mathis und Frieda essen so viele Waffeln, dass sie fast platzen, dann beladen sie den Anhänger von Mathis' großem Kettcar mit Wasserflaschen, Seilen, Baustellenhütchen, Playmobilmännern, Äpfeln und dem Rest der Waffeln. Dann machen sie sich auf den Weg zu ihrem Baumhaus. Das Baumhaus ist ganz hinten im Garten von Mathis' Oma. Noch hinter dem Sandkasten und dem

Schuppen. Da, wo so viele Sträucher stehen, dass fast nie jemand hinkommt. Niemand außer Mathis und Frieda. Frieda fährt, weil sie stärker ist als Mathis. Mathis sitzt im Anhänger und passt auf, dass nichts rausfällt. Das Baumhaus haben die beiden zusammen mit Mathis' Papa gebaut. Frieda hat genagelt und Mathis hat gesägt. Sie bleiben den ganzen Nachmittag im Baumhaus.

Abends, zu Hause, kriecht Frieda in ihr Hochbett. Papa kommt zum Vorlesen, dann rollt sich Frieda zusammen und schläft. Friedas Bett steht gleich neben der Tür. Es ist nur einen Meter hoch, perfekt, um darunter eine Höhle zu bauen und tagsüber darin zu spielen. Doch nur tagsüber. Denn nachts wohnen dort die Wölfe,

Höhlen und Verstecke

deswegen traut Frieda sich nachts nicht raus, auch wenn sie ganz dringend muss. Darum hat sie sich eine Lösung ausgedacht. Wenn sie aufwacht und die Wölfe da sind, ruft sie die Mama, denn sie hat sich überlegt: Mama ist groß, es ist nicht so schlimm, wenn die Wölfe sie beißen. Und dass die Mama immer kommt, wenn sie ruft, das weiß Frieda. Aber sie wird nie gebissen. »Pass auf«, sagt Frieda, wenn Mama in der Tür steht. Nicht dass sie den Wölfen zu nahe kommt. Dann springt Frieda in Mamas Arme.

Wenn sie mit Mathis unterwegs ist, kommt sie prima allein klar. Dann ist sie groß. Aber nachts, wenn sie Angst hat vor den Wölfen, ist Frieda heilfroh, dass Mama und Papa da sind.

In den Ferien war Frieda mit ihren Eltern an einem See. Tagsüber genoss sie es, die ungeteilte Aufmerksamkeit der beiden zu haben. Kein Hund, der versorgt werden musste, keine Wäsche, die noch nicht zusammengelegt war, kein »ich muss noch mal eine Stunde an den Rechner, Schätzchen« von ihrer Mutter. Nur einfach Papa, Mama und sie und das Zelt und das Wasser. Sie spielten Ball, und Frieda lernte schwimmen. Einmal liehen sie sich auch ein Motorboot, und Frieda durfte steuern. Abends saßen sie vor dem Zelt. Papa kochte auf dem Gaskocher Tee, Mama las »Pettersson zeltet« vor und Frieda verjagte Mücken.

Einmal, als die Sonne über dem See unterging, fand Frieda, dass sie tagsüber noch nicht genug im Wasser gewesen war. Sie wollte Sonnenuntergangsplanschen.

Geborgenheit – Geborgenheid – Sekuriteit

Im Jahr 2004 rief der Deutsche Sprachrat einen internationalen Wettbewerb aus. Gesucht wurde »Das schönste deutsche Wort«. Unter 22 838 Vorschlägen aus 111 Ländern schaffte es das Wort »Geborgenheit« auf den zweiten Platz – hinter »Habseligkeiten«.

Annamaria Musakova aus der Slowakei hatte es vorgeschlagen, mit der Begründung: »Ich liebe dieses Wort, weil ich kein anderes kenne, mit dem man ausdrücken könnte, dass man sich irgendwo so geborgen, gut, eingelebt … fühlt.«

Nicht nur im Slowakischen gibt es keine Übersetzung für »Geborgenheit«. Das Wort scheint tatsächlich unübersetzbar. Entsprechungen gibt es nur in Sprachen, die dem Deutschen nah verwandt sind wie Holländisch und Afrikaans.

»Das ist eine prima Idee!«, sagte Friedas Mama. »Papa und ich sehen dir hier vom Steg aus zu.«

Das Problem war nur, dass das Wasser im See abends sehr sehr dunkel war. Und sehr tief. Frieda wusste, dass es nichts Gefährliches im See gab. Sie konnte schon ziemlich gut schwimmen, der See war in Wirklichkeit abends nicht tiefer als tagsüber und ihre Eltern waren in der Nähe. Das änderte nichts daran, dass ihr der See plötzlich unheimlich vorkam.

»Einer von euch soll mitkommen«, sagte Frieda.

»Ich mag jetzt nicht«, sagte Friedas Papa. »Ich will hier auf dem Steg sitzen bleiben.«

»Mama?«

Geborgenheit bedeutet, ohne Worte verstanden zu werden

Puh. Friedas Mama war den ganzen Tag auf den Beinen, hat das Zelt aufgebaut, war baden, hat dann mit Frieda eine halbe Stunde Ball gespielt und möchte jetzt einfach nur an Ort und Stelle liegen bleiben.

»Ich will jetzt nicht.«

Frieda wird ein bisschen quengelig. »Do-hoch! Einer von euch soll mitkommen!«

Friedas Mama zieht die Augenbrauen hoch. Auf den Tonfall hat sie wirklich keine Lust.

»Bitte, Mama!«

Quengeln mag Friedas Mama ganz und gar nicht. Aber sie hört auch die Dringlichkeit in Friedas Bitte. Und die Angst. Und den großen Wunsch, trotz der Angst im Sonnenuntergang im See zu schwimmen. »Ich komme mit«, sagt sie deshalb kurzentschlossen und springt vom Steg. »Hey, warte!« Frieda hopst hinterher.

»Danke«, sagt Friedas Mama hinterher. »Das war mir ein sehr großes Vergnügen.«

»Mir auch«, sagt Frieda. »Schön, dass du mitgekommen bist. Ich hatte nämlich allein Angst.«

Friedas Mama sagt: »Das weiß ich. Deswegen bin ich doch mitgekommen.«

Frieda nimmt ihre Mama ganz fest in den Arm und drückt sie an sich.

»Wir Kinder waren es gewohnt, tagtäglich zuzuschauen, wie unser Vater, und sei es auch nur für einen kurzen Augenblick, unsere Mutter umarmte und sie ›herzte‹. Als eine meiner Schwestern im Alter von etwa zwei Jahren einmal eine Ansichtskarte zu sehen bekam, worauf ein Herr sein Gesicht schmachtend an den Hals einer jungen Dame presst, war ihr die Situation ganz vertraut, und sie sagte nur: ›Papa Hals küssen tut.‹«

Astrid Lindgren,
Das entschwundene Land

Kindheit als Geborgenheit

Wertvolle Momente wie bei Frieda und Mathis gibt es im Leben der allermeisten Kinder. So magisch solche Augenblicke auch sind, bedarf es dafür keiner Zauberei – Familien erzeugen sie automatisch. Denn die Natur hat Kindern und Eltern einen guten Kompass für die Reise ins Erwachsenwerden geschenkt: die Freude, das Wohlbefinden. Was sich im tiefsten Inneren gut und verbunden anfühlt, das trägt auch für die Zukunft.

In einer durchökonomisierten Gesellschaft haben wir uns angewöhnt, solche besonders schönen Augenblicke vor allem als gutes Fundament für später zu betrachten. Als emotionale Kapitalanlage, auf die das Kind bei Bedarf zurückgreifen kann. Was bringt dies oder jenes für die Zukunft? Was hat ein Kind später als Erwachsener davon? Wird es dadurch schlauer, erfolgreicher, gesünder?

Auch in diesem Buch geht es darum, was eine Kindheit voller Geborgenheit für das restliche Leben bedeutet – wie sich bestimmte Hirnstrukturen bilden, bestimmte Hormone aktiv werden und sogar die Erbinformationen in den Zellen beeinflusst werden.

All diese Dinge sind interessant und wichtig. Es macht Spaß, sie zu wissen und über sie zu philosophieren. Sie können uns als Eltern in diesem unbekannten Territorium, in dem wir uns vorantasten, zum Teil auch Sicherheit und Orientierung geben.

Zweckfrei zusammen sein

Das wirklich Spannende ist jedoch, dass das, was für die Zukunft trägt, auch in der Gegenwart Genuss bietet. Keine Mutter würde ihr Kind stillen, kein Vater seinen Achtjährigen Huckepack durch die Gegend schleppen, wenn diese Dinge nicht aus sich selbst heraus glücklich machen würden. Wären Menschen mit guten Zukunftsperspektiven köderbar, würde keine Diät scheitern, kein Politiker würde kurzsichtige Entscheidungen treffen, und niemand würde jemals sagen: »Ich habe die Steuererklärung wieder zu lange aufgeschoben, weil ich lieber ins Kino gehen wollte.« Aber so funktionieren Menschen nicht. Wir wollen den Preis sofort.

● ● ● ● ●

Es sind nicht die guten Aussichten für die Zukunft, die Geborgenheit in der Familie so attraktiv machen. Es ist etwas anderes: *Jetzt* tut es gut, es miteinander fein zu haben, Nähe zu genießen. Dieses Glück im Augenblick ist ebenso wichtig, wenn nicht gar wichtiger, als das Glück in einem potenziellen Zukunftsszenario.

Die ganze Familie hat nicht in einer fernen glücklichen Zukunft, sondern im derzeitigen Augenblick etwas davon, Geborgenheit zu kultivieren. Eine Kultur der Geborgenheit können alle genießen. Gemeinsam auf dem Teppich zu hocken und Lego zu bauen, Ball zu spielen, den Wald zu entdecken oder in der Hängematte zu liegen und vorzulesen macht auch Eltern Spaß. Dem Kind auf diese Weise Zeit zu schenken bedeutet letztlich, sie sich selbst zu schenken (schnüffeln Sie beim Vorlesen mal am Kopf Ihres Kindes!). Es gibt so viele Möglichkeiten, Verbindung und Geborgenheit zu leben, dass sie hier unmöglich alle Platz finden können.

»»Hej, Findus grüne Erbsen‹, sagte Pettersson, und er hatte ein Gefühl, wie wenn man an einem heißen Sommermorgen das Rollo hochzieht und das warme Sonnenlicht strömt herein.«

Sven Nordquist, *Wie Findus zu Pettersson kam*

Was

GEBORGEN-
HEIT
ausmacht

Was passiert im Körper, wenn wir uns wohl fühlen?
Wie entsteht Geborgenheit? Die Prozesse
in der frühkindlichen Entwicklung entscheiden
darüber, ob die Welt als freundlich oder bedrohlich
wahrgenommen wird **– ein Leben lang.**

Das »Kuschelhormon«

Wie für alles menschliche Wohlbefinden hat auch Geborgenheit biochemische Grundlagen. Dazu zählt das faszinierende Neuropeptid Oxytocin, auch bekannt als »Geburtshormon« (griech. okys = schnell, tokos = Geburt). Seit über dreißig Jahren erforscht die schwedische Wissenschaftlerin Kerstin Uvnäs Moberg diese Körperchemikalie. Oxytocin spielt in verschiedensten Lebensbereichen eine Rolle, hat sie mit ihrem Team herausgefunden. Zusammenfassend nennt sie es das »Hormon der Ruhe, Liebe und Heilung«.

Oxytocin

Oxytocin sorgt, so Uvnäs Moberg, dafür, dass Menschen (und Tiere) sich entspannen, dass sie sich wohl und geborgen fühlen und liebevoll miteinander verbunden sind. Es lindert Schmerzen, lässt Wunden schneller heilen, verringert den Blutdruck und reduziert Stresshormone wie Cortisol und Adrenalin.

Ein weiterer Oxytocin-Forscher ist Markus Heinrichs vom Institut für klinische Psychologie an der Universität Zürich. Er ist den Wirkungen von Oxytocin auf das zwischenmenschliche Verhalten nachgegangen und zu dem Schluss gekommen: »Oxytocin ist an allen Prozessen beteiligt, die im weitesten Sinne der Fortpflanzung und dem Arterhalt dienen.« Auch beim Stillen wird es ausgeschüttet – und zwar bei Mutter und Kind. »Stillen bietet nicht nur Nahrungsvorteile für das Baby«, so Heinrichs, »sondern es schafft eine besondere Form von Nähe. Das verstärkt die Bindung auf biologischer Ebene.«

Die Komponenten, die beim Stillen Wohlgefühl auslösen, führen auch später im Leben zu Oxytocin-Ausschüttung: Nahrung, Wärme, Körperkontakt. Deshalb genießen wir Umarmungen geliebter Menschen, deshalb sind Massagen so angenehm, deshalb fühlt es sich so gut an, ein Baby oder Kleinkind zu tragen. Und deshalb lehnen wir uns nach einem guten Essen entspannt zurück, lächeln und fühlen uns verbunden mit den Menschen, mit denen wir Zeit verbracht haben.

Biologisch gesehen ist das gute Gefühl, das sich in solchen Momenten einstellt, die Belohnung dafür, dass wir etwas tun, das der Arterhaltung dient. Die Evolution hat es so eingerichtet, dass das, was sich gut anfühlt, gleichzeitig eine Investition in die Zukunft ist. Wenn ein oder mehrere der *erwähnten* Besonderheiten vorliegen, so sollten Sie Ihr Kind genauer beobachten und überlegen, wie Sie diese ausgleichen können, oder ob Sie es gegebenenfalls Fachleuten vorstellen. Hat ein Kind Probleme, so gibt es dafür meist berechtigte Gründe, die es herauszufinden gilt. Diese können, müssen aber nicht, Hinweise auf spätere Lernschwierigkeiten geben. Das zu beurteilen ist nicht leicht, denn es gibt Kinder, bei denen solche oder ähnliche Besonderheiten in der Entwicklung beobachtet wurden, die später keinerlei Rechenprobleme hatten.

● ● ● ● ●

»Wo Eltern die Bedürfnisse ihres Babys kennen und achten, lernt das Kind: Auf Mama und Papa kann ich mich verlassen.
Sie verstehen mich, denn sie haben mich bereits verstanden, als ich noch nicht einmal sprechen konnte. Sie halten mich, denn sie haben mich schon gehalten, bevor ich darum bitten konnte. Sie sind für mich da, wie sie immer für mich da waren. Tag und Nacht.«

Nora Imlau, *Das Geheimnis zufriedener Babys*

Erste Weichenstellungen

»Eine glückliche Kindheit trägt ein Leben lang«, heißt es oft. Eine Schwierigkeit dabei ist zu definieren, was eigentlich genau eine »glückliche Kindheit« ist. Und selbst dann lässt sich nicht sagen, dass sie eine Garantie für ein glückliches Erwachsenenleben wäre. Doch sicherlich ist eine Kindheit voller Geborgenheit eine gute Voraussetzung dafür, dass ein Mensch später überhaupt glücks*fähig* wird. Denn am Anfang des Lebens wird das menschliche Gehirn – eben unter anderem durch den Hormonhaushalt – darauf programmiert, ob wir die Welt fortan als einen behütenden Ort empfinden oder als einen bedrohlichen, ob wir ihr eher vertrauensvoll oder argwöhnisch begegnen.

Bereits im Mutterleib werden die ersten Weichen gestellt. Schon hier bekommen kleine Menschen einen ersten Eindruck von der Welt, die sie empfängt: Ist sie ein nährender, ein sicherer Ort? Bietet sie Wärme, Schutz und Nahrung? Oder mangelt es daran, sodass man sich anstrengen muss, um zu überleben? Ist die Welt sogar gefährlich, sodass es besser wäre, sich vor ihr zu verschließen?

Hier denken Sie vielleicht: Wie sollte sich ein ungeborenes Baby im Mutterleib denn anstrengen? Treibt es nicht den ganzen Tag gemütlich im Fruchtwasser, strampelt mal ein wenig, nuckelt mal am Daumen und lässt es sich ansonsten gut gehen?

> Die Fähigkeit, Glück zu empfinden, beginnt vor der Geburt

• • • • •

Aber Ungeborene wissen tatsächlich, was Anstrengung bedeutet. Etwa bei Stresszuständen der Mutter oder auch bei Nikotinkonsum entsteht für das Baby ein Mangelzustand im Bauch. Diesen versucht es auszugleichen, indem es seine Herzfrequenz erhöht und durch die Nabelschnur-Arterien Blut zurück in die Plazenta pumpt. Auf diese Weise wird der Rückstrom von der Plazenta zum Baby erhöht.

Natürlich geschieht dies nicht bewusst, sondern ist eine automatische Reaktion des Körpers. Dennoch lernt der kleine Mensch in diesem Fall auf einer sehr tiefen unbewussten Ebene sehr deutlich, dass er etwas für sein Wohlbefinden tun muss; es ist nicht selbstverständlich: *Ich muss mich anstrengen, um das zu bekommen, was ich zum Leben brauche. Ich muss meine eigenen Grenzen überschreiten, damit mein Überleben sichergestellt wird.*

Auch im Falle anderer Giftstoffe hat die Natur den Fötus mit Erste-Hilfe-Mechanismen ausgestattet. So drosselt der kindliche Körper seinen Blutfluss, sobald Schadstoffe wie Alkohol von der Plazenta kommen, um den Rückfluss von der Plazenta zu verringern. Der Preis dafür ist hoch: Die eigene Versorgung wird eingeschränkt. Auch dies ist eine urtümliche erste Prägung im Hinblick auf die Freundlichkeit und Zuverlässigkeit der Welt: *Wenn ich mich nicht ein wenig vor der Welt verschließe, wird sie gefährlich.*

Stress im Mutterleib beeinflusst das spätere Stressempfinden

• • • • •

Ein ungeborenes Baby teilt die Gefühle seiner Mutter. Ihre Gefühle sind seine Gefühle. Die Botenstoffe, die im Körper der Mutter zirkulieren, erreichen automatisch auch das Kind. Fühlt sich die Mutter geborgen und gehalten, empfindet das Kind ebenso. Ist die Mutter gestresst, so ist auch das Kind gestresst. Man weiß heute, dass Babys, die im Mutterleib viel Stress ausgesetzt waren, später selbst anfälliger für Stress sind als Kinder, die es warm, wohlgenährt und geborgen hatten.

Entsprechend den Informationen, die über die Plazenta zum Kind gelangen – die Journalistin Anne Murphy Paul nennt sie »biologische Postkarten von der Welt da draußen« –, werden im kindlichen Körper bestimmte Nervenbahnen verschaltet, bestimmte Hormone freigesetzt und bestimmte Gene aktiviert. So stellt die Natur sicher, dass das Neugeborene bestmöglich ausgestattet und angepasst ist für die Welt, die es nach der Geburt erwartet.

»Vertrauen ist eine Attitüde, die sich begründet entwickeln muss. Das geht nicht automatisch. Dazu bedarf es bestimmter Bedingungen und Urerfahrungen. Der Säugling muss die Erfahrung machen können, dass seine Bedürfnisse nicht enttäuscht werden. Daraus entsteht eine positive Erwartungshaltung. Der Säugling erfährt augenblicklich, dass seine Signale von seiner Mutter verlässlich aufgenommen und richtig gedeutet werden.«

Ralph Dawirs

Wie entsteht Urvertrauen?

Als der Psychologe Erik Erikson 1950 den Begriff »Urvertrauen« prägte, wusste die Wissenschaft weniger über das vorgeburtliche Leben als heute. Erikson und nach ihm der deutsche Soziologe Dieter Claessens setzten also nicht schon bei der Schwangerschaft an, sondern definierten das erste Lebensjahr als Zeitraum, in dem der Mensch lernt, ob die Welt an sich vertrauenswürdig ist und unter welchen Bedingungen sich diese Einstellung entwickelt.

Das große Draußen

Die ersten Tage, Wochen und Monate nach der Geburt sind für einen kleinen Menschen nicht einfach. »Draußen« strömen auf einmal alle möglichen neuen Erlebnisse und körperlichen Empfindungen auf ihn ein, die er zu bewältigen hat: Geräusche, viel ungedämpfter als in der schützenden Hülle der Gebärmutter; Gerüche und Farben, viel greller und unmittelbarer als zuvor; die Aufgabe, selbst zu atmen – mit Lungenflügeln, in die permanent die Luft ein- und wieder ausströmt; das nagende Gefühl von Hunger und die Anstrengung des Saugens; schließlich die ungewohnten Empfindungen im frischen Magen-Darm-Trakt, wenn die Verdauung in Gang kommt.

Im Vergleich zu anderen Primaten wird ein Menschenbaby unreif geboren: Es ist vollkommen abhängig davon, wie es von seiner Umwelt versorgt wird. Während andere Primatenbabys bei der Geburt bereits 45 % ihrer erwachsenen Gehirngröße haben, sind es beim Menschen lediglich 25 %. Umso wichtiger ist es, dass ein

AUFWACHSEN – STUFE FÜR STUFE

In der Nachfolge von Sigmund Freud (1856–1936) entwickelte Erik Erikson (1902–1994) eine Entwicklungstheorie auf Grundlage der Psychoanalyse. Während Freud die frühkindliche Entwicklung durch sexuelle Dynamiken charakterisierte (orale Phase, anale Phase, genitale Phase), betonte Erikson die soziale Dynamik des Heranwachsens. Durch den Einbezug dieser Dimension erscheint die Individualität des Kindes stärker von außen gesteuert.

Freuds Idee, dass jede Phase für die weitere Entwicklung per se kritisch sei, hat Erikson in seinem Stufen-Modell ausgebaut: Auf jeder Entwicklungsstufe muss ein Kind bestimmte Krisen meistern. Dies geschieht nicht durch Triebreduktion oder Triebabfuhr, sondern durch die Ausbalancierung entgegengesetzter Kräfte, z. B. Urvertrauen versus Urmisstrauen, Autonomie versus Scham, Intimität versus Isolierung. Spiele und Rituale helfen dabei, ein Gleichgewicht herzustellen. Vom Gelingen dieser Balance hängt die weitere Entwicklung wesentlich ab. Erikson zufolge ist die Stufenabfolge universal: Sie tritt in allen Kulturen und zu allen Zeiten auf.

Neugeborenes ein schützendes und empathisches Umfeld vorfindet, in dem seine emotionalen und körperlichen Bedürfnisse möglichst umfassend befriedigt werden – mit einem Wort: eine Welt der Geborgenheit.

In den ersten Wochen beginnt der Säugling, sein Bild von der Welt zusammenzusetzen, nicht kognitiv, sondern auf emotionaler Ebene. Dort speichert der kleine Mensch seine Eindrücke analog zu seinem Erleben im Mutterleib: Bin ich hier sicher? Kann ich darauf vertrauen, dass meine Umgebung freundlich ist, dass sie mir gibt, was ich zum Leben brauche? Und unter welchen Umständen wird mir gegeben? Einfach so, oder muss ich laut werden?

Emotionales Wissen

Wichtig sind vor allem die sicheren Bindungen zu den umgebenden Bezugspersonen (in der Regel Mutter und Vater). Spürt der Säugling, dass er von diesen Menschen umhegt und versorgt wird, entwickelt er Vertrauen in die Welt. »Das Neugeborene erlebt sich ja vor allem körperlich. Wir haben beim Neugeborenen noch keine kognitiven, intellektuellen Konzepte. Und nun ist die Frage, ob die körperlichen Zustände, in denen er sich befindet, von der Umgebung – sprich: von der Mutter in der Regel – ob die körperlichen Zustände von der Mutter in einer Art und Weise beantwortet werden, dass der Säugling sich im Wesentlichen wohlfühlt«, so der Neurobiologe Joachim Bauer von der Universität Freiburg. Ein solches Kind kann aufgrund seiner Erfahrungen davon ausgehen, dass die Welt vertrauenswürdig ist, was sich nach und nach als grundlegende Lebensannahme verfestigt.

Die positiven Auswirkungen verlässlicher Zuwendung reichen bis hinein in die Informationen im Zellkern, wie Wissenschaftler heute wissen. Bauer zufolge sind bei Neugeborenen, die in ihren ersten

Wochen und Monaten keine sicheren Bindungen erfahren haben, jene Gene »nicht gut ablesbar«, die Stress abschalten können. Das bedeutet, dass solche Säuglinge ein sehr sensibles Stress-System entwickelten, das schnell aktiv wird und kaum wieder kontrolliert werden kann.

Stress ist, wie die Antworten der Kinder im folgenden Kapitel besser als jede wissenschaftliche Arbeit zeigen, das Gegenteil von Geborgenheit. Stress ist Ungeborgenheit in Reinform.

Forscher wie Joachim Bauer haben auch herausgefunden, dass Menschen, die als Kinder ein starkes Urvertrauen entwickeln konnten, stressresistenter und belastbarer sind als Personen, bei denen dies nicht der Fall war. Wird die Welt als vertrauenswürdig empfunden, so sorgt ein gut ausgebildetes Oxytocin-System dafür, dass in belastenden Situationen weniger Stresshormone ausgeschüttet werden. Nach Rückschlägen und niederschmetternden Erlebnissen stehen Menschen mit Urvertrauen eher wieder auf und finden danach neue Zuversicht.

Bleiben die grundlegenden Bedürfnisse eines Säuglings dagegen unerfüllt, entwickelt sich laut Erikson eine Art »Urmisstrauen«, bei dem ein Mensch fortan seine Umwelt nicht als freundlich und nährend empfindet, sondern als unsicher und tendenziell bedrohlich.

»Urvertrauen entsteht … aus der positiven Erfahrung, dass zwischen der Welt und den persönlichen Bedürfnissen Übereinstimmung herrscht.«

Lexikon für Psychologie und Pädagogik

Urmisstrauen

»Heimat ist da, wo wir
verstehen und verstanden
werden.«

Karl Jaspers

● ● ● ● ●

Wie auch immer diese frühe emotionale Prägung ausfällt: Sie ist der Gefühlszustand, der fortan unsere emotionale Heimat ist. Unbewusst erzeugen wir diesen vertrauten Zustand wieder und wieder, weil unser gesamter Organismus in einer bestimmten Weise verschaltet ist.

Zum Glück sind seelische Verletzungen nicht notwendigerweise wie in Stein gemeißelt, sondern werden reversibel, sobald man sich ihrer bewusst ist. Nicht jedes Kind, dessen Grundbedürfnisse zu kurz kamen, erwartet zwangsläufig eine Zukunft als unglücklicher Erwachsener. Frühkindliche Fehlprogrammierungen lassen sich »reparieren«. Doch oft braucht man dazu eine Menge Mut und Zeit, und manchmal auch Hilfe.

Stress ist überlebenswichtig

So schreibt die Psychotherapeutin Sue Gerhardt: »Wenn man in einer sehr gefährlichen Umgebung lebt, kann es lebenswichtig sein, eine sehr empfindliche Stressreaktion zu zeigen; wenn man mit einem feindlichen Elternteil lebt, ist es sinnvoll, instinktiv zu lernen, einen gesunden Abstand zu halten. Ein Individuum jedoch, das in der Kindheit auf diese Weise programmiert wurde, kann diese Tendenzen später im Leben hinderlich finden, wenn die Umstände sich verbessert haben. Es kann sogar sein, dass sie zu Psychopathologien der einen oder anderen Art führen.«

NEOMAMMALIA - GEHIRN

DENKEN
LOGIK, RATIONALITÄT
PHANTASIE
ZEITEMPFINDEN

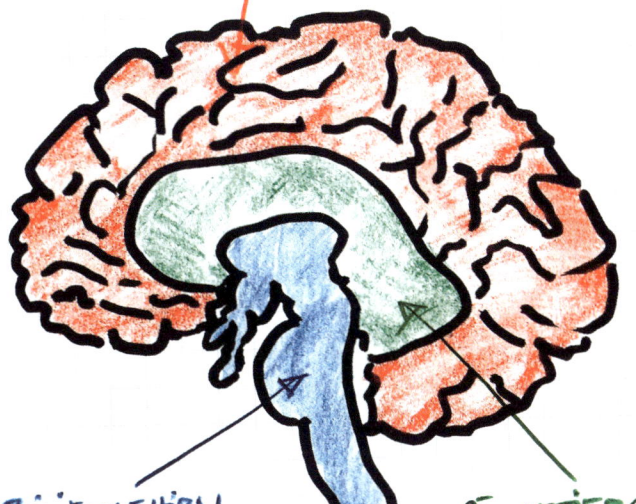

REPTILIENGEHIRN

HANDELN
GRUNDLEGENDE
    LEBENSFUNKTIONEN

SÄUGETIERGEHIRN

FÜHLEN
STEUERUNG DER
    GEFÜHLSWELT
GEDÄCHTNISFILTER

Was passiert im Gehirn?

Um zu verstehen, warum sich das emotionale Erleben von Geborgenheit und von Alleingelassensein fundamental voneinander unterscheidet, werfen wir zunächst einen Blick in das menschliche Gehirn: Aus evolutionärer Perspektive ist der älteste und bis heute urtümlichste Teil das »Reptiliengehirn«, das im Wesentlichen das Stammhirn und Teile des Kleinhirns umfasst. Diesen Teil des Gehirns haben außer uns Menschen nicht nur andere Säugetiere, sondern sämtliche Wirbeltiere. Im Laufe der Evolution hat er sich kaum verändert und daher uralte Gewohnheiten und Verhaltensweisen nahezu unabänderlich gespeichert.

DAS REPTILIENGEHIRN

Funktionen
- Atmen, Kreislauf, Temperaturregulierung
- Hunger, Verdauung, Ausscheidung
- Bewegung, Gleichgewicht (aufrechter Gang!)
- Revierabsteckung, Paarungsdrang
- Riten, Gewohnheiten
- Kampf-oder-Flucht-Reaktionen

Das »Säugetiergehirn« hat sich später als eine weitere Schicht um das Reptiliengehirn gebildet, darin finden sich das limbische System, der Corpus callosum, die Hirnanhangdrüse und die Zirbeldrüse. Aufgrund seiner wichtigen Rolle bei der Ausbreitung von Botenstoffen im Körper bestimmt das Säugetiergehirn unsere Gefühlswelt und wird daher auch »emotionales Gehirn« genannt.

DAS EMOTIONALE GEHIRN

Es aktiviert
- Lachen und Weinen
- Wut, Angst und Freude
- Spieltrieb und Sexualität
- Euphorie und Depressionen
- Trennungsangst und soziales Bindungsverhalten
- Kontrolle von »Kampf-oder-Flucht«-Impulsen
- »Gedächtnisfilter«: Informationen, die im Langzeitgedächtnis gespeichert werden, passieren zuerst einmal diesen Teil des Gehirns.

Der evolutionsbiologisch jüngste Gehirnteil ist das »Neomammalia-Gehirn«. Es befindet sich in der Großhirnrinde, wo gedacht und aus Erfahrungen resultierendes Wissen gespeichert wird.

Gefühle von »Ungeborgenheit« wie Trennungsangst oder Wut finden wir vor allem in den »unteren« Hirnregionen, wohingegen die
»höheren« helfen, mit solchen Gefühlen umzugehen. Für unser Leben brauchen wir aber alle drei Hirnbereiche, und wir brauchen
ihr optimales Zusammenwirken.

Bei seiner Geburt hat ein Baby etwa 200 Milliarden Gehirnzellen,
die noch verhältnismäßig wenig vernetzt sind. Dies geschieht in

DAS NEOMAMMALIA-GEHIRN

Funktionen
- Logisches Denken, Lösungsfindung
- Bildung von Denkstrukturen
- Phantasie und Schöpfergeist
- Fähigkeit zu Schlussfolgerungen und neuen Erkenntnissen
- Langzeitspeicherung von Informationen
- Selbst-Bewusstsein
- Freundlichkeit, Empathie, Fürsorge

den ersten Lebensjahren. 90 % des Hirnwachstums finden vor dem sechsten Geburtstag statt. In dieser Zeit entscheidet sich maßgeblich, wie die Gehirnregionen fortan zusammenspielen: ob ein Mensch den primitiven Regungen seines Reptiliengehirns ausgeliefert bleibt (Kampf oder Flucht, Revier abstecken), ob die starken Emotionen des Säugetiergehirns (Liebesbedürfnis, Trennungsängste) ungefiltert wirken oder verdrängt werden, oder ob das Großhirn sämtliche Prozesse so gut steuert, dass der Mensch Freundlichkeit, Empathie, Mitgefühl und Altruismus entwickelt.

Damit sind wir wieder bei der Geborgenheit angelangt, denn die Entwicklung und Vernetzung des orbifrontalen Kortex, der im Gehirn für Emotions- und Impulskontrolle zuständig ist, ist abhängig von den jeweiligen Erfahrungen. »Wenn jemand starke Wut, Angst oder sexuelles Verlangen empfindet, ist es der orbifrontale Kortex,

90 % des Hirnwachstums passiert in den ersten sechs Jahren

der merkt, ob ein Verhalten im Augenblick gesellschaftlich akzeptabel ist und die Kapazität hat, Impulse zu unterdrücken«, so Psychotherapeutin Gerhardt.

Kleinkinder- und Kinderzeit

Doch der orbifrontale Kortex reift nicht von allein zu dieser Funktion heran. Im Gegenteil. Er ist einer der Schaltstellen, mit denen sich das Kind möglichst gut an die vorgefundene Umgebung anpasst: Welche Regeln sind gesellschaftlich akzeptabel? Was wird von mir erwartet? Kann ich der Umgebung trauen und meine Wut oder Angst abflauen lassen?

Myelin

In der Kleinkinder- und Kinderzeit werden die Erfahrungen des ersten Lebensjahres diesbezüglich noch verstärkt und verfeinert. Die Gehirnzellen in dem kleinen Kopf vernetzen sich mehr und mehr. Die Verbindungen im Gehirn werden immer komplexer, bilden sich neu und bilden sich um. Viel genutzte Pfade im Gehirn werden myelinisiert – Myelin ist, grob gesagt, eine Art Fettschicht, die sich wie eine Kabelisolierung um die Nervenfasern bildet und die Reizleitung beschleunigt. Wenig genutzte Nervenverbindungen werden hingegen aussortiert.

Erfahren Kinder weiterhin viel Geborgenheit und Verlässlichkeit, werden die Verbindungen, die in ihrem Gehirn für diese Gefühle zuständig sind, immer besser vernetzt und dadurch dauerhafter.

• • • • •

Andersherum werden aber eben auch die Verbindungen haltbarer, die für Gefühle von Verlassenheit und Wertlosigkeit zuständig sind, wenn ein Kind diese wiederholt erfährt.

Kleinkinder haben noch kein ausgereiftes Gehirn. Sie können die starken Gefühlsregungen des Säugetiergehirns und die noch urtümlicheren Kampf-oder-Flucht-Mechanismen des Reptiliengehirns noch nicht unterdrücken oder kontrollieren. Das erklärt die heftigen Gefühlsausbrüche im Kleinkindalter, ausgelöst durch – aus Erwachsenenaugen – Nichtigkeiten. Solche Gefühlsausbrüche kleiner Kinder sind also kein schlechtes Benehmen, keine böswillige Aufsässigkeit, sondern die Kleinen sind einfach noch nicht in der Lage, ihre Gefühle entsprechend zu sortieren. Sie benötigen dabei Hilfe.

Im limbischen System, dem emotionalen Säugergehirn, gibt es einen Bereich, der als Mandelkern bezeichnet wird. Dieser schätzt die emotionale Bedeutung bestimmter Situationen ein, indem er beispielsweise angstverzerrte Gesichter in der Umgebung erkennt. Bei Gefahr oder Bedrohung geht vom Mandelkern eine entsprechende Botschaft an den Hypothalamus aus, der dann Stresshormone auslöst, damit der Körper bereit ist für Flucht oder Verteidigung.

»In Gefahrensituationen wird das Bindungssystem aktiviert. Das Kind stellt sein Explorationsverhalten ein und sucht Schutz bei seiner Bindungsperson. Fühlt es sich sicher, erkundet es seine Umwelt. Es lernt. Daher haben sicher gebundene Kinder auch beim Lernen klare Vorteile. Aufgrund einer inneren Sicherheit wenden sie sich neugierig und lustvoll neuen Situationen zu und erwerben sich spielerisch neues Wissen.«

Marianne Leuzinger-Bohleber

Mandelkern

Das ist sinnvoll bei echten Bedrohungen, die eine kurzfristige lebenserhaltende Reaktion verlangen. In der Regel folgt auf eine spontane Notfallreaktion wieder Entspannung. Steht ein kleiner Mensch jedoch aufgrund fehlender liebevoller Interaktionen permanent unter Stress, speichert das Gehirn dies als »Standardeinstellung« und wird später selbst auf geringe Reize empfindlich reagieren.

Entsprechend wichtig ist Geborgenheit für Kinder, wenn sie durch starke Emotionen geschüttelt werden. Erinnern wir uns: Oxytocin reduziert Stresshormone.

Cortisol

Sehr kleine Babys können ihren Cortisol-Level nicht beeinflussen, rein biochemisch ist es ihnen nicht möglich, sich selbst zu beruhigen. Dabei sind sie vollkommen von der liebevollen Zuwendung durch Mutter und Vater abhängig. Im Kleinkindalter lernt der kleine Organismus jedoch immer mehr, diese Aufgabe selbst zu übernehmen, wobei er nach wie vor die Hilfe liebevoller Betreuungspersonen braucht, während er lernt, welche Reaktion bei welcher Situation angemessen ist.

Hier geht es nicht um kognitives Lernen, nicht darum, Situationen bewusst einzuschätzen, sondern vielmehr um neurologische Prozesse, die das Gehirn dahin gehend vernetzen, dass nach der Aufregung bald wieder Entspannung eintritt.

• • • • •

Das emotionale Auffangen mit Worten ist daher wenig sinnvoll. Ein Kind, dessen Wut- oder Notfallsysteme angelaufen sind, ist ohnehin nicht empfänglich für logische Argumente. Viel hilfreicher ist es bei großem Kummer, gezielt das Oxytocin-System zu aktivieren: das Kind im Arm zu halten, zu streicheln, zu wiegen und gegebenenfalls mitfühlende Äußerungen wie »Ja ... ja ...« oder »Ich weiß« zu machen. Wenn das Kind noch an der Brust trinkt, ist auch Troststillen eine feine Möglichkeit.

»Es war ein euphorisches Gefühl, ein Gefühl der Unzerstörbarkeit. Kein Unfall, keine Behörde und kein physikalisches Gesetz konnten uns aufhalten. Wir waren unterwegs, und wir würden immer unterwegs sein, und wir sangen vor Begeisterung mit, soweit man bei dem Geklimper mitsingen konnte.«

Wolfgang Herrndorf, *Tschick*

Natürlich ist man als Mutter oder Vater nicht immer in der Lage, ruhig und einfühlsam zu reagieren, und nicht in jeder Situation lässt ein Kind dies überhaupt zu. Läuft das Programm »Kampf oder Flucht« erst einmal auf Hochtouren, lässt es sich kaum noch anhalten. Dann hilft nur, ruhig abzuwarten, verfügbar zu bleiben und nach dem Wutanfall Geborgenheit und Entspannung anzubieten.

Keine Bildung ohne Bindung

Auch wenn das Kind älter wird, ist es für das persönliche Glück des Kindes und sogar für seinen Lernerfolg wichtig, dass es zu den Personen, von denen es lernt, eine zuverlässige Bindung aufbauen kann. Geborgen lernt es sich besser. Schon aus diesem Grunde ist es – jenseits von aller »Kuschelpädagogik« – so wichtig, dass Kinder sich in Kita und Klassenraum wohlfühlen.

Warum ist das so?

Wir wissen, dass das limbische System Erfahrungen auf der Gefühlsskala einordnet. Erst danach wird das Erlebte im Gedächtnis abgespeichert.

Im Falle von Stress und Ungeborgenheit informiert der Mandelkern den Hypothalamus (siehe oben) über die bestehende »Gefahr« und bewirkt so die Ausschüttung von Schreck- und Stresshormonen.

Bindung bestimmt den Lernerfolg

Diese Überflutung mit Adrenalin und Cortisol führt dazu, dass vor allem der – ebenfalls dem limbischen System zuzuordnende – Hippocampus nicht mehr verfügbar ist. Für das Lernen ist das deswegen entscheidend, weil der Hippocampus die Funktion hat, das Gedächtnis zu organisieren. Er sorgt sozusagen dafür, dass im Kopf alles im richtigen Regal abgelegt wird und leicht wiedergefunden werden kann. Fällt der Hippocampus aus, kann auf Gelerntes nicht mehr zugegriffen werden.

Hat ein Kind gelernt, dass Erwachsene grundsätzlich vertrauenswürdig und zuverlässig sind, sind Gehirn und Hormonhaushalt
»auf Geborgenheit programmiert«, wird das Kind diesen Zustand
mit größerer Wahrscheinlichkeit auch im Klassenraum finden als
ein Kind, das sich angewöhnen musste, seiner Umgebung zu miss-
trauen. Entsprechend wird ein auf Geborgenheit programmiertes
Kind mit größerer Wahrscheinlichkeit geneigt sein, den Lehrer als
Orientierungspunkt in seinem Leben zu akzeptieren.

»Geborgenheit, das ist wenn ...«
GESPRÄCHE MIT KINDERN

Bis zu ihrem sechsten Lebensjahr können die meisten Kinder noch kaum Emotionen in Worte fassen, entsprechend einfach fallen ihre Antworten aus. Umso verblüffender ist es, **wie präzise sie sich später ausdrücken.**

Die Namen der Kinder wurden zum Schutz
ihrer Privatsphäre geändert. Sämtliche
Antworten jedoch wurden genau so gegeben,
wie sie hier wiedergegeben sind. Sie wurden
weder geschönt noch verniedlicht.

Sophie, 2½ Jahre

Sophie mag Ponys, von denen es in ihrer Bauernhof-Kita sehr viele gibt.

»Mama, bei dir fühl ich mich wohl«, sagt Sophie.

Und wie fühlt sich das an, wenn du dich wohlfühlst?

»Na, bei dir eben … Mehr kann ich nicht sagen, weil die Ponys das sonst hören.« Ihre Mama übersetzt das mit: Lass mich in Ruhe mit solchen Fragen und nimm mich in den Arm.

Fred, 5 Jahre

Fred kann super Hasenzähne machen. Den Unterschied zwischen Hasen und Kaninchen wusste er schon mit 2½. Unser Gespräch zum Thema Geborgenheit verlief allerdings recht kurz.

Wenn du jemandem erklären solltest, was »Geborgenheit« ist, was würdest du dann sagen?

»Das ist, wenn man sich was ausborgt, oder?«

Luzie, 5 Jahre

Luzie spielt am liebsten draußen, dabei scheint sie überhaupt nicht müde zu werden.

Luzie, kennst du das Wort »Geborgenheit«?

»Nein.«

Kannst du sagen, wann es dir gut geht, wenn du dich gemütlich fühlst?

»Wenn ich mit dir ein bisschen rumkuschele, oder wenn ich mit meiner kleinen Schwester spiele.«

Und wann fühlst du dich besonders sicher?

»Bei Papa. Was wir dann machen … Uno spielen manchmal, und manchmal langweile ich mich und spiel Playmobil. Oder nachts. Da schlafe ich bei Mama. Da fühle ich mich richtig toll.«

Gibt es auch Situationen, in denen du dich nicht sicher fühlst, die dir unheimlich sind?

»Ja. Zum Beispiel, wenn im Video was Unheimliches passiert.«

Was hilft dann, damit du dich wieder sicher fühlst?

»Wenn Papa oder Mama herkommen und mit mir kuscheln.«

Leonard, 7 Jahre

Leonard hat vor kurzem eine kleine Schwester bekommen, die viel Aufmerksamkeit fordert. Eigentlich findet Leonard sie sehr süß und kuschelig, aber manchmal ist sie auch ganz schön anstrengend.

Wenn du jemandem erklären solltest, was »Geborgenheit« ist, was würdest du dann sagen?

»Geborgenheit ist, wenn Mami oder Papi mich ganz nah im Arm halten und umarmen. Jemandem ganz nahe sein ist Geborgenheit.«

Wann fühlst du dich so richtig geborgen?

»Am Morgen, wenn ich zu den Eltern ins Bett komme zum Kuscheln. Nach dem Mittagessen, wenn ich auf dem Schoß von Papi sitzen darf.«

Und wann fühlst du dich gar nicht geborgen?

»Wenn ich am Abend ins Bett gehe und meine Schwester mich in meiner Ruhe stört, indem sie unruhig ist und kreischt.

Oder wenn ich von Mami zurückgewiesen werde.«

Was machst du dann, damit es dir besser geht?

»Wenn meine Schwester kreischt, halte ich mir die Ohren zu und nehme meine Plüschtiere in den Arm. Wenn ich von Mami zurückgewiesen werde ... Dann gehe ich in mein Zimmer mit einem jungen Kätzchen und streichle es und das tröstet mich.«

Jake, 7 Jahre

Jake ist ein sehr feinfühliger Junge mit großem Gerechtigkeitssinn. Sein Lieblingsspielzeug ist Lego, damit baut er ganze Schlösser und Raumschiffe. Und er kann wunderbar ohne Punkt und Komma erzählen, gefühlt auch mal den ganzen Tag lang.

Wenn du jemandem erklären solltest, was »Geborgenheit« ist, was würdest du dann sagen?

»Geborgenheit ist ein Kuss auf die Wange. Geborgenheit ist Liebe und Umarmen. Und Massage. Das ist auch Geborgenheit.«

Wann fühlst du dich so richtig geborgen?

»Wenn ich zu Hause Lego baue und alle da sind, dann fühl ich mich geborgen.«

Und wann fühlst du dich gar nicht geborgen?

»Wenn ich Lego baue und niemand zu Hause ist, fühle ich mich allein.«

Was machst du dann, damit es dir besser geht?

»Ich rufe meine Mama an, dass sie ganz schnell herkommen soll. Wenn ich allein zu Hause bin, geh ich raus und frage, ob ich zu meinem Freund Jan rübergehen kann, oder ich spiele im Garten.«

Janno, 8 Jahre

Janno lebt mit sechs Geschwistern und seinen Eltern »am Ende der Welt«. Eltern und Kinder haben eine Menge Freunde, außerdem einen streunenden Kater und einen Hausbesetzer der besonderen Art: Karl, den Waschbären. Der sollte aber lieber ausziehen. Seit neuestem wohnt eine Mini-Schildkröte bei Janno, die ihn sehr glücklich macht.

Wenn du jemandem erklären solltest, was »Geborgenheit« ist, was würdest du dann sagen?

»Na, ich würde denen sagen, dass man sich dann wohlfühlt, wenn man kriegt, was man braucht. Wieso wissen die das nicht? Warum soll das einer fragen?«

Wann fühlst du dich so richtig geborgen?

»In Mamas oder Papas Armen. Oder wenn ich bei meinen Brüdern im Zimmer schlafen darf. Oder wenn mein großer Bruder in der Schule Kindern, die mich ärgern, sagt, sie sollen aufhören. Und als mein ältester Bruder mich beim Angeln vor den komischen Leuten beschützt hat.«

Und wann fühlst du dich gar nicht geborgen?

»Wenn meine Mama morgens sagt, ich soll mich beeilen …«

Was machst du dann, damit es dir besser geht?

»Nix oder Mama sagen, dass ich noch müde bin und dann nicht so schnell kann.«

Antony, 9 Jahre

Antony ist Jannos Bruder. Er hat gerade mit dem Geigespielen angefangen und überlegt sich, Arzt zu werden.

Wenn du jemandem erklären solltest, was »Geborgenheit« ist, was würdest du dann sagen?

»Wenn man sich freut, in seiner Familie zu sein, und sich nicht verstellen muss.«

Wann fühlst du dich so richtig geborgen?

»Wenn ich manchmal noch in Mamas Bett schlafe. Und beim Spielen mit Papa und meinem großen Bruder.«

Und wann fühlst du dich gar nicht geborgen?

»Wenn mich jemand ärgert.«

Was machst du dann, damit es dir besser geht?

»Mit Mama reden.«

Lea, 8 Jahre

Lea geht es gerade nicht so gut, weil bei ihr Zöliakie diagnostiziert wurde. Die Umstellung auf glutenfreie Kost ist schwer für sie.

Wenn du jemandem erklären solltest, was »Geborgenheit« ist, was würdest du dann sagen?

»Dass ich mich wohlfühle.«

Wann fühlst du dich so richtig geborgen?

»Wenn ich mit meiner ganzen Familie zusammen bin.«

Und wann fühlst du dich gar nicht geborgen?

»Wenn ich nicht zu Hause bin, dann habe ich Heimweh. Dann fühle ich mich nicht so geborgen.«

Was machst du dann, damit es dir besser geht?

»Dann rufe ich meine Mama an.«

Frithjof, 10 Jahre

Frithjof wohnt auf dem Dorf. Er kann auf Bäume klettern, aus Schrott Strickleitern und Hütten bauen, Sachen verkabeln und verkleidet sich gern. Er kann 2,5 Sekunden im Handstand stehen bleiben und 36 Sekunden tauchen und bereitet gerade eine Feuer-jonglage-Show vor. Lesen findet er doof. Seine beste Freundin ist Annika. Wenn sie sich abends nicht traut, durchs Dunkel nach Hause zu gehen, bringt er sie heim.

Wenn du jemandem erklären solltest, was »Geborgenheit« ist, was würdest du dann sagen?

»Das ist etwas, wo du dich wohlfühlst und sicher fühlst.«

Wann fühlst du dich so richtig geborgen?

»Wenn meine Eltern bei mir sind und es warm ist und ich mich sicher fühle. Als ich noch kleiner war, hatte ich manchmal echt Schiss im Dunkeln, und wenn meine Eltern da waren, habe ich mich ganz sicher gefühlt.«

Und wann fühlst du dich gar nicht geborgen?

»Wenn ich was machen soll, was sich nicht gut anfühlt. Also, wenn mich andere dazu drängen. Wenn ich zum Beispiel auf der Kletterwand bin, fast oben, und dann runtergucke und nicht mehr weiterwill, weil es so hoch ist. Wenn die Kletterlehrerin dann sagt, dass ich weiterklettern soll, obwohl ich so viel Angst habe, dass ich fast losheule.«

Was machst du dann, damit es dir besser geht?

»Na ja, tief durchatmen und so.«

Annika, 11 Jahre

Annika hat eine Menge Sommersprossen. »Ein Mädchen ohne Sommersprossen ist wie ein Himmel ohne Sterne«, meint ihre Mutter. Annika bastelt großartige Sachen und erfindet gern immer neue Spiele. Sie kann sich über kleine Dinge ebenso freuen wie über große. Manchmal geht ihr Vater mit ihr in den Wald zum Pilzesammeln oder sie pflücken Erdbeeren.

Wenn du jemandem erklären solltest, was »Geborgenheit« ist, was würdest du dann sagen?

»Hm … Was ist Geborgenheit? Dass man sich sicher fühlt und jemanden ansprechen kann, wenn man was auf dem Herzen hat. Dass einfach jemand da ist. Zum Beispiel als kleines Kind im großen Zelt, wenn es nachts raschelt. Und wenn der Papa dann da ist und das Kind weiß: Mein Papa beschützt mich und gibt mir Geborgenheit, mich kann kein Wolf fressen.«

Wann fühlst du dich so richtig geborgen?

»Als wir klettern waren, da stand Papa unten und hat aufgepasst, dass ich nicht runterfalle. Da hab ich mich sicher gefühlt. Und als ich mit Mama im Karussell war und ich mich festgehalten hab an ihr und wusste, mir kann nichts passieren. Als wir neulich zum Beispiel klettern waren, da stand Frithjof unter mir und hat mich gesichert. Und er hat die ganze Zeit gesagt: ›Ich bin da, ich passe auf. Dir kann nichts passieren.‹ Das war ein gutes Gefühl. Oder als ich mit Mama in der Achterbahn war und Angst hatte, konnte ich mich bei Mama festhalten und ich wusste: Ich bin bei Mama, ich bin sicher. Mir kann nichts passieren.«

Und wann fühlst du dich gar nicht geborgen?

»Wenn ich ganz allein in Bedrängnis bin und mir keiner helfen kann und ich auf mich allein gestellt bin. Dann fühle ich mich hilflos.«

Was machst du dann, damit es dir besser geht?

»Na ja, wenn ich mich zum Beispiel mit Mama und Papa gestritten habe, dann rufe ich meine Tante an und weine mich aus.

Oder – das hört sich doof an, und ich weiß auch, dass er mich nicht verstehen kann – manchmal rede ich dann auch mit meinem Kater.

Oder ich rufe Mama an, wenn ich mich einfach so allein fühle und Mama bei der Arbeit ist.«

Robin, 12 Jahre

Robin ist der Zweite einer langen Geschwisterreihe. Er ist, wie seine Mutter sagt, ein »sehr aktives Kind«.

Wenn du jemandem erklären solltest, was »Geborgenheit« ist, was würdest du dann sagen?

»Dass ich in Sicherheit bin. Dass ich nicht alleine bin. Dass meine Eltern bei mir sind oder mein großer Bruder. Dass Gott bei mir ist. Na ja, der ist ja immer bei mir.«

Wann fühlst du dich so richtig geborgen?

»Als wir die Leutasch-Klamm besucht haben, bin ich mit Papa und Mama über den schmalen Steg gelaufen. Da hatte ich echt Angst. Aber trotzdem fühlte ich mich sehr geborgen.«

Und wann fühlst du dich gar nicht geborgen?

»Wenn ich alleine bin. Zum Beispiel, wenn ich alleine im vollen Flughafen stehe und auf meine Eltern warte.«

Was machst du dann, damit es dir besser geht?

»Ich warte und hoffe, dass meine Eltern bald zurückkommen.«

GEBORGEN-HEIT
geben

Ein Baum kippt, wenn er keine festen Wurzeln hat. Auch Menschen »wackeln« ohne starke Bindungen. Ob in der Familie, der Kita oder in der Schule – **Geborgenheit ist der Schlüssel** zu einem glücklichen, gelingenden Leben.

Bindung wachsen lassen

Menschen, kleine wie große, brauchen ein inneres und äußeres Fundament. Wie sehr dieses Fundament von der liebevollen Bindung zwischen Kindern und Erwachsenen abhängt, haben die Antworten der Kinder im vorherigen Kapitel eindrucksvoll gezeigt: »Wenn Mama und Papa da sind, ist alles gut.«

Es gibt so viele Möglichkeiten, zwischenmenschliche Verbindungen zu stärken, dass sie unmöglich alle beschrieben werden können. Die folgenden Ideen und Beispiele sollen darum lediglich Ausgangspunkte sein, individuell auszuprobieren und kreativ zu werden. Finden Sie selbst heraus, was für Sie und Ihr Kind stimmt und was nicht.

Berührung

Nähe braucht keine Worte

In der Biografie der Primatenforscherin und Umweltaktivistin Jane Goodall gibt es eine berührende Szene, in der sie beschreibt, wie sie nach monatelanger allmählicher Kontaktaufnahme endlich neben dem Schimpansenmann, den sie David Greybeard nannte, saß. Sie bot ihm eine Mango an. David Greybeard war zwar nicht hungrig, aber zum Dank für die angebotene Frucht drückte er sanft die Menschenhand. »Wir kommunizierten in einer viel älteren Sprache miteinander als in der gesprochenen«, erzählt Goodall.

AFFEN WIE WIR

Dame Jane Goodall (geb. 1934) bekam als 26-Jährige die Chance, für den berühmten Paläoanthropologen Louis Leakey frei lebende Menschenaffen zu beobachten. Viele Jahre lebte sie in unmittelbarer Nähe einer Gruppe von Schimpansen im Gombe-Nationalpark in Tansania. Die Schimpansen wuchsen Goodall mehr und mehr ans Herz, und sie entdeckte viele Verhaltensweisen bei ihnen, die jenen der Menschen sehr ähnlich sind – Umarmen, Streicheln, Liebkosen, aber auch Lügen und Streiten. Die erwachsenen Schimpansen, stellte sie fest, zeigten eine ungeheure Geduld für die Kinder der Gruppe. Diese konnten selbst auf dem Rücken des zu Eindringlingen unbarmherzigen Anführers herumklettern oder ihren jugendlichen Geschwistern ungestraft an den Ohren ziehen.

Im Gespräch mit *National Geographic* berichtete Jane Goodall über eine junge Schimpansin: »Sie zog ihn am Haar, streckte ihm die Finger ins Gesicht, biss ihn in die Ohren, schaukelte über ihm und trat ihn, doch er schob sie immer nur sanft mit der Hand beiseite. Schließlich ließ sie sich erschöpft neben ihm niederfallen.«

Diese »uralte Sprache« körperlicher Berührung ist es, die auch im Familienleben leicht und mühelos verbindende Gefühle hervorruft. Sobald ihre Kinder anfangen zu sprechen, neigen die Eltern dazu, von nun an sprachlich klären zu wollen, was möglicherweise auf ganz anderen Ebenen leichter und liebevoller zu lösen ist als durch Gesprochenes.

Ein dreijähriges Kind kann noch nicht formulieren, warum es sich so oder so verhält. Durch sein ganzes Wesen teilt es aber ganz klar mit, wie es ihm geht: durch Blicke, Gesten und Handlungen. Ganz gleich wie alt ein Kind ist, wenn es in der Beziehung zu den Eltern gerade knistert, knackt und wackelt, lohnt der Versuch, die Probleme einmal nicht zu besprechen, sondern wortlos aus der Welt zu schaffen, zum Beispiel durch spontanes Huckepacktragen. Nicht alles muss durch Worte gelöst werden, oft ist es effektiver, einer urtümlicheren Kommunikation zu vertrauen.

Es ist auch möglich, ein Kind wortlos einzuladen, sich zum Vorlesen aufs Sofa zu legen, einfach, indem Mutter oder Vater sich hinsetzen und anfangen vorzulesen. Auch die Einladung zu gemeinsamem Trampolinspringen im Garten oder einer Rückenmassage braucht keine mündliche Aufforderung. Die Antwort des Kindes wird ebenso wortlos erfolgen, aber deswegen nicht weniger deutlich zu verstehen sein.

Natürlich gibt es Situationen, die aus dem Ruder laufen können. Sobald die eigenen Kindheitsverletzungen und Ängste der Eltern spürbar werden, ist es gerade mit größeren Kindern wichtig, dass der Konflikt mit Worten geklärt wird. Aber erst dann, wenn die unmittelbare Wut verraucht und wieder Raum für Bindung da ist. Bis in die Pubertät – und darüber hinaus – lässt sich Bindung leichter auf einer emotionalen Ebene festigen als mit Worten.

Körperliches Spiel

Wie Jane Goodall hat auch der Amerikaner Fred Donaldson Bindungserfahrungen mit Tieren gemacht. Er näherte sich Wölfen, Kojoten, Elefanten, Bären und Delfinen im »ursprünglichen Spiel«. Gemeint sind damit Spiele, bei denen es nicht um Beute oder Rangordnung geht, nicht um Gewinnen oder Verlieren, sondern schlicht um die Freude am Miteinander.

Ursprüngliches Spiel ist körperlich und erinnert auf den ersten Blick an Herumbalgen. Doch es gibt dabei kein Festhalten, kein Unterwerfen, keine Machtkämpfe, nur Ausgelassenheit und Spaß. »Das beste Spielzeug in der Welt bist du«, leitet Donaldson daraus für die Eltern ab: »Du kannst, was kein anderes Spielzeug vermag. Du bist kostenlos, und du gibst und empfängst Liebe.« Nach dieser Devise spielte Donaldson mit wilden Wölfen ebenso wie mit Strafgefangenen, auch mit Schmetterlingen habe er schon gespielt, meint er augenzwinkernd. Gefragt, ob er denn keine Angst hätte, wenn er zu den Wölfen ginge, antwortete Fred Donaldson: »Wenn ich Fred wäre, hätte ich Angst. Solange ich Fred bin, der zu den Wölfen geht, funktioniert es nicht. Aber wenn ein Antlitz Gottes mit dem anderen spielt, dann gibt es keinen Grund, Angst zu haben.«

Was Donaldson so poetisch als »Antlitz Gottes« beschreibt, nennt der dänische Familienpsychologe Jesper Juul »Gleichwürdigkeit«. Die Mutter der Sechsjährigen Frieda hat das ursprüngliche Spiel ausprobiert und sagt: »Ich finde es ganz großartig, ab und zu einfach für Frieda und die anderen *da* zu sein, wirklich präsent zu sein und jenseits aller Fördermaßnahmen und aller laufenden Alltagsaufgaben die Freude darüber zu spüren, miteinander Spaß zu haben.«

Einfach da sein

Diesen Spaß haben Mutter und Kinder beim gemeinsamen Rumrollen auf dem Teppich oder Rasen, beim konkurrenzlosen Balgen. Manchmal, berichtet die Mutter, versucht Frieda, Machtkämpfe in das Spiel hineinzutragen. In solchen Fällen kann es wichtig sein – wie bei den Wölfen –, dass sich das erwachsene Spieltier als das stärkere erweist. »Natürlich sanft«, sagt sie. »Ich steige bewusst nicht in den Machtkampf ein, ich zeige ihr nur, dass ich ihn nicht will.«

Kuscheln

Eine sehr einfache und ganz praktische Möglichkeit, Geborgenheit zu genießen, ist das große Bett für alle. Viele Menschen finden den Gedanken, ein zwei-, drei- oder gar siebenjähriges Kind im Bett zu haben, zuerst einmal gewöhnungsbedürftig. Scheint er doch das Vorurteil zu bestätigen: »Den kriegt ihr nie wieder raus …«

Toben ohne Konkurrenz

Zweiundzwanzig erwachsene Menschen krabbeln in einer mit Judomatten ausgelegten Halle über-, unter- und umeinander. Es sind Menschen unterschiedlichen Alters und Geschlechts, doch den überwiegenden Anteil bilden Frauen zwischen 20 und 40. Sie lachen, lächeln sich an, berühren sich gegenseitig mit den Händen, rollen übereinander, krabbeln zum Nächsten. Niemand darf beim Ursprünglichen Spiel aufstehen. Es soll keine Verletzungen geben.

Für Außenstehende wirkt ein Workshop im »Ursprünglichen Spiel« gewöhnungsbedürftig. Zu unvertraut ist die Art der Bewegung und Begegnung. Doch wenn die Teilnehmer im Kreis zusammenkommen und der Spielforscher Fred Donaldson zu erzählen beginnt, kann auch der rationale Geist wieder aufatmen. Die meisten der üblichen Gesellschafts- oder Mannschaftsspiele, so Donaldson, fänden im Rahmen der uns prägenden Kultur statt. Es gibt Sieger und Verlierer. Stärkere und Schwächere. Beim Ursprünglichen Spiel ist das anders. »Ursprüngliches Spiel ist der Mut, in jeder Situation freundlich und sicher zu sein.«

Die Mutter des fünfjährigen Mathis erzählt: »Er hat sein eigenes Bett, seit er drei Monate alt ist. Aber er kommt immer noch gern zu uns.«

Frieda ließ bis zu ihrem fünften Lebensjahr das eigene Bett so gut wie unbenutzt. Dann verkündete sie eines Tages, von nun an in ihrem Zimmer schlafen zu wollen. »Ich hatte zu dem Zeitpunkt nicht damit gerechnet und habe tatsächlich ein bisschen getrauert, als sie so plötzlich endgültig auszog«, sagt ihre Mutter.

Für Mathis' und Friedas Familien funktionieren ihre individuellen Lösungen gut. Bei anderen Familien jedoch ist das Nähebedürfnis des Kindes größer als die Menge an Nähe, die Eltern geben können oder möchten. Dann ist Authentizität gefragt. Geben Sie, was Sie können, aber achten Sie genau darauf, wo Ihre persönliche Grenze verläuft. Mit genervten Eltern ist jede Nähe gestört.

Es spricht nichts dagegen, dass jedes Kind sein eigenes Bett hat, in das es sich bei Bedarf zurückziehen kann. Der Lösungsprozess findet auf diese Weise allmählich und behutsam statt. Viele Kinder pendeln, wenn sie die Entscheidungsfreiheit haben, noch einige Zeit zwischen individuellem Bett und Familienbett, bis sie eines Tages einfach im Kinderzimmer bleiben.

Ashley Montagu, Anthropologe und Autor des Buches *Körperkontakt*, weist darauf hin, dass nicht nur die Beziehung von Eltern, die gemeinsam in einem Bett schlafen, in der Regel tiefer ist als bei

• • • • •

getrennt schlafenden Eltern, sondern dass dies auch für das gemeinsame Schlafen mit Kindern gilt. »Das ›Kontaktbehalten‹ im selben Bett ist ein Erlebnis, das sich sehr vom kontaktlosen Schlafen in Einzelbetten unterscheidet«, schreibt er.

Wie sehr der miteinander geteilte Schlaf verbindet, zeigen auch Begrüßungszeremonien indigener Völker, bei denen die Gäste zunächst eingeladen werden, gemeinsam mit den Gastgebern zu »träumen«. Nach dieser gemeinsam in einem großen Raum verbrachten »geträumten« Nacht werden die Gäste als zum Stamm zugehörig anerkannt. Ab dann erst werden wichtige Dinge besprochen. Andere Kulturen erkennen offenbar Dimensionen des Schlafens an, die westlichen Menschen inzwischen unbekannt und unvertraut sind. So berichtet die Neuseeland-Expertin Birgit Baader über den Stamm der Waitaha: »Das gemeinsame Träumen war früher üblich, wenn sich Stammesälteste und Schamanen getroffen haben, weniger bei ›Normalsterblichen‹ ... Heute trifft man sich häufig vor wichtigen Ritualen/Zeremonien, die die ganze Community betreffen, im Gemeinschaftshaus, verbringt die Nacht dort auf dem Matratzenlager und wird dann vor Sonnenaufgang zur Morgenzeremonie geweckt ... Das ist sehr kraftvoll und verbindend.«

Träume verbinden

Ob im gemeinsamen großen Bett oder im eigenen kleinen: Verwöhnt werden beim Ins-Bett-Gehen tut gut! Zum Beispiel lässt sich ein wirklich schönes Abendritual aus Vorlesen und Körper-

Unter der Bettdecke geborgen

kontakt entwickeln (mehr dazu im nächsten Kapitel). Eltern können zu ihren Kindern unter die Decke kriechen oder andersherum, kleine kalte Kinderfüße an warmen Erwachsenenbeinen wärmen – und dann vorlesen, nebenbei ein wenig den Rücken kraulen, ein wenig den Tag Revue passieren lassen. Das Kind kann so ins Schlafland reisen mit dem beruhigenden Geruch der Eltern in der Nase und dem sicheren Gefühl im Bauch: Ich bin geliebt und behütet. Oder, wie Annika im vorherigen Kapitel sagte: »Mir kann nichts passieren.«

Zweckfreiheit

»Der Legolaster ist erst ab acht, und Ben hat ihn fast allein gebaut!« – Die meisten Eltern sind stolz darauf, wenn ihre Kinder klug sind, wenn sie gebildet sind, wenn sie in manchen Bereichen schneller sind als andere.

»Oh, die Tine krabbelt schon?« – Wer kann zuerst laufen? Wer spricht besser? Bloggerin Nicola Schmidt schreibt dazu: »Wir sind die Generation der perfektionistischen Mütter. Bio-Essen. Tragetuch. Piklerkurs. Schwimmkurs. Schwangerschaftsyoga, Babyzeichen. Und wir leben im Zeitalter der Optimierer. Das Zeitalter der Ratgeber, der ›So geht's‹-Artikel, der Ratschläge, wie es noch besser gehen kann.«

Für alles, was mit Kindern zu tun hat, gibt es heute Methoden: Ergotherapie statt Garten, Piklergruppe statt Kaffeeklatsch. Alles

• • • • •

»Die Kindheit unserer Kinder ist wie Musik, die verschwebt und vorbei ist, ehe wir uns darauf besonnen haben, dass es etwas unendlich Süßes war.«

Theodor Herzl

muss einen Sinn haben, muss schlauer und gesünder machen, eine gute Zukunft versprechen.

Dabei fangen die meisten Eltern ganz anders an. Entspannt und liebevoll nähern sie sich dem Neugeborenen, wenn sie an seinen Haaren riechen oder das Bäuchlein küssen. Babys werden noch aktiv umworben. Die Eltern gehen auf sie zu, denn beiden tut das gut. In allen Tonlagen machen Eltern seltsam anmutende Geräusche und streicheln und liebkosen die Kinder einfach um des Streichelns und Liebkosens willen.

Aber je älter die Kinder werden, desto mehr wandelt sich die elterliche Kommunikation. Immer weniger zielt sie auf den Austausch von Liebe und Beziehung – und immer mehr auf den Ausdruck von Sachlichkeiten. Das liegt auch daran, dass sich die Kinder zunehmend die Welt der Sachen erschließen. Und mit dieser Dimension wird auch die Welt des Förderns immer stärker: Lern-Apps für Zweijährige, Chinesisch-Kurse für Dreijährige, spätestens in der Kita sollten die ersten Brocken Englisch da sein.

Es ist möglich, die zweckfreie Verliebtheit in das kleine Wesen weiterzutragen von den Baby- in die Kinderjahre. Der Ausdruck wird sich sicherlich ändern, doch die wesentliche Herzqualität kann durch alle wilden Stürme und Stromschnellen des Aufwachsens erhalten bleiben, solange man sie wahrnimmt, wertschätzt und kultiviert.

MAMA IST DIE BESTE MEDIZIN

Gesundheit hängt eng mit Bindung, Geborgenheit und dem emotionalen Wohlbefinden zusammen. Oft lassen sich aufziehende Krankheiten schon dadurch verhindern, dass ein Kind eine Weile getragen wird oder eine Weile bei Mama oder Papa unter der Bettdecke verbringen darf – auch wenn »eigentlich« ganz andere Alltagsdinge anstehen.

Dass ein Mangel an Geborgenheit andersherum Auswirkungen bis ins Erwachsenenalter hat, zeigt ein Blick auf das Programm der internationalen Konferenz »Bindung und Psychosomatik«, die im Oktober 2013 in München stattfand: Frühkindliche Traumatisierung steht nicht nur im Zusammenhang mit Entzündungserkrankungen im Erwachsenenalter. Auch Verbindungen zu Aufmerksamkeitsdefizitstörungen (ADS), Asthma und Schmerzsyndromen stehen zur Diskussion. Im Zusammenhang zu mangelnder Geborgenheit in der frühen Kindheit stehen ebenso Herz-Kreislauferkrankungen und Magersucht.

Die Therapeuten reagieren darauf mit bindungsorientierten Ansätzen, sei es für Fibromyalgie-Patienten, die bisher rein medikamentös behandelt wurden, oder für Jugendliche, die ihre Energie nicht selbst regulieren können.

• • • • •

Wann haben Sie das letzte Mal mit Ihrem Kind einfach so im Garten herumgelegen? Oder auf dem Kinderzimmerteppich? Ohne den Gedanken daran, dass Lego die Feinmotorik und das logische Verständnis schult? Ohne pädagogische Begeisterung über die Kleinstlebewesen im Erdboden? Wann haben Sie zuletzt eine Sandburg gebaut, einfach, weil es Spaß macht, den nassen Sand so hoch aufzuhäufen und dann so glatt zu klopfen wie möglich? Tun Sie es. Jetzt.

»Jetzt wusste er: Diese Welt ist die schönste aller Welten. Er lächelte hinauf zu seinem Freund, dem Frosch, der ihm von einem Seerosenblatt aus zusah. ›Du hast Recht‹, sagte er, ›Fisch ist Fisch.‹«

Leo Lionni, *Fisch ist Fisch*

Drei Schritte zur Geborgenheit

Nach dem Aufstehen morgens findet es Mathis am schönsten, noch ein bisschen im Schlafanzug zu spielen. Besonders gern beschäftigt sich der fünfjährige mit Holzklötzen oder Lego. Für ihn gestaltet sich die Situation so: Wenn er gerade eine Brücke baut, ist es wichtig, dass sie hält. Tut sie das? Vielleicht sollte er sie an der Stütze noch ein wenig verstärken? Das funktioniert. Und wenn er an dieser Stelle noch ... Irgendwo im Hintergrund ruft was. Es interessiert ihn nicht. Er baut, er ist konzentriert. Wichtig ist, dass alles so funktioniert, wie er sich das gedacht hat. Wieder ertönt irgendwo weit weg, in einer anderen Welt, der Ruf: »Anziehen!« Mathis interessiert das nicht, er baut.

Für seine Eltern aber tickt die Uhr. Sie wissen, dass sie zu spät zur Arbeit kommen, wenn zu Hause nicht alles planmäßig läuft und Mathis nicht rechtzeitig in die Kita kommt. Und sie sehen, dass ihr Sohn weder angezogen ist noch gefrühstückt hat.

Die Aufgabe, Mathis gehfertig zu machen, fällt heute seiner Mutter zu. Sie weiß, dass sie am schnellsten zu ihm durchdringt, wenn sie sich in seine Welt begibt und ihn vorsichtig von der Brücke wegführt.

Get the eyes, the smile, and the nod

Gordon Neufeld, Psychologe aus Kanada, erklärt bei seinen Vorträgen, warum es so wichtig ist, das Kind sanft aus seiner Welt abzuholen, wenn es – wie im Beispiel von Mathis – gerade mit etwas anderem beschäftigt ist, aber zum Frühstück kommen soll, weil es bald Zeit für die Kita ist: »In solchen Fällen wollen Sie ihm sozusagen etwas verkaufen, das es von sich aus gar nicht haben will«, meint Neufeld: »Und stellen Sie sich einen Staubsaugervertreter vor, der Ihnen vom Gartenzaun aus zubrüllt, Sie sollen gefälligst seinen Staubsauger kaufen. Würden Sie das tun? Nein! Aber Sie kaufen den Staubsauger, wenn er vorher direkt Kontakt mit Ihnen aufgenommen hat. Er wird an die Tür kommen und in Blickkontakt mit Ihnen treten und etwas Freundliches zu Ihnen sagen. Sie lächeln. Er kommentiert das schöne Wetter. Sie nicken. Und erst dann bringt er Ihnen den fantastischen Staubsauger näher. Ebenso funktioniert es mit unseren Kindern. Blickkontakt. Lächeln. Nicken – Get the eyes, the smile, and the nod.

Wie lassen sich das Gefühl von Geborgenheit und eine liebevolle Verbindung in diesem Moment erhalten? Mathis ist glücklich und »im Flow« mit seinen Bauklötzen. Ihm fehlt nichts. Seine Mama ist da, sein Papa ist da, und er hat eine Aufgabe, die ihn befriedigt.

Mathis' Mutter ihrerseits hat nun die Aufgabe, ihren Sohn möglichst ohne Bruch im Geborgenheitsgefühl vom Spielen im Schlafanzug angezogen und gefrühstückt in den Schulbus zu bekommen. Sie weiß um die drei »magischen Schritte« und lässt sich auf sie ein, obwohl sie manchmal am liebsten hätte, dass Mathis »einfach nur macht, was angesagt ist«, wie sie sagt. Letzten Endes kommt die Familie aber auf andere Weise schneller voran.

Schritt 1: Blickkontakt

Mathis' Mutter geht in sein Zimmer und hockt sich zu ihm auf den Boden. »Das ist eine klasse Brücke«, sagt sie: »Sieht ziemlich stabil aus.«

Mathis blickt auf. »Ja. Guck mal, wenn man das Teil wegnimmt, bricht sie zusammen.«

Schritt 2: Lächeln

»Dann lassen wir das Teil lieber da«, meint Mathis' Mutter und lächelt.

»Ja.« Mathis lächelt zurück.

Schritt 3: Nicken

Mathis' Mama lässt sich weiter auf das Spiel ein. Sie gibt Mathis die Chance, sich allmählich aus der konzentrierten »Bindung« zu seiner Brücke zu lösen und sich etwas anderem zuzuwenden. Sie spricht mit ihm über die Brücke. Er nickt.

Erst dann, erst wenn sie wirklich seine Aufmerksamkeit hat, sagt sie, dass es jetzt Zeit zum Anziehen und Frühstücken ist. Dieses Prozedere dauert eine oder zwei Minuten länger, als immer vehementer zu rufen. Auf kurze Sicht braucht es ein wenig mehr Hingabe, auf lange Sicht zahlt es sich aber aus: Mathis lernt

nämlich, dass er zwar seine selbst gewählte Aufgabe verlassen muss, aber etwas neues Wertvolles dafür bekommt: die Verbindung mit seiner Mama. Einem Kind auf diese Weise Zeit zu schenken, fördert nicht nur die Geborgenheit innerhalb der Familie, sondern auch die reibungslosen Abläufe.

Gefühle anerkennen

Manchmal gibt es Momente, in denen Mathis' Mama so liebevoll sein kann, wie sie will – aber Mathis will dennoch partout nicht los. »Das ist echt anstrengend«, meint sie, denn Mathis habe seinen sehr eigenen Kopf. Lange habe sie seinen Unwillen unterbewusst »irgendwie persönlich« genommen und sei selbst schnell in Wut geraten.

Inzwischen ist sie gelassener. Wenn Mathis morgens manchmal so gar nicht will, sagt sie zu ihm: »Du findest das jetzt doof, dass du dich für die Schule fertig machen musst.« Indem sie sowohl seine Gefühle als auch die Unausweichlichkeit der Situation anerkennt, gibt sie ihm etwas sehr Wichtiges, wie die Hamburger Psychologin Katrin Jill Hagemeyer sagt: »Es ist wichtig, Frustration zu erleben. Kinder lernen in solchen Momenten, wie sich Frustration anfühlt, und lernen Möglichkeiten, Wege aus der Frustration heraus zu finden. Nehmen wir ihnen das weg, werden sie es schwer haben, allein konstruktiv mit Rückschlägen umzugehen. Es ist wichtig für einen Menschen, bei einem Rückschlag weiter an sich zu glauben und nicht aufzugeben.«

Wärme durch Reibung

Eltern können ihre Kinder begleiten, ihnen beistehen, möglicherweise ruhig und zurückhaltend Lösungswege aufzeigen. Aber sie sollten ihnen nicht die Frustration abnehmen, von ihr ablenken oder sie gar vorausschauend vermeiden.

In solchen Situationen wie der beschriebenen ist es wichtig, das Kind und seine Gefühle ernst zu nehmen. Wir können sagen: »Ich habe verstanden, dass du gerade keine Lust hast, aber es ist jetzt nun einmal so. Daran ist im Moment nichts zu ändern.« Das sagen wir in einem freundlichen (nicht süßlich pädagogischen) Tonfall.

Kinder müssen sich oft den Strukturen und Zeitplänen der Erwachsenen anpassen und es ist angebracht, ihnen auch regelmäßig dafür zu danken.

Übergänge sanft gestalten

● ● ● ● ●

»Großherzigkeit der Erziehenden ist eine zentrale Voraussetzung dafür, dass Kinder intelligent, froh und selbstbewusst werden.«

Wolfgang Bergmann

Ähnlich dem morgendlichen Losfahren bei Mathis zu Hause stellen Übergangssituationen in vielen Familien eine Herausforderung dar. Umso wichtiger ist es, dass Kindergarten oder Schule als Orte empfunden werden, die zumindest ein gewisses Maß an Geborgenheit bieten: zuverlässige Betreuer, achtsame Rituale, Regeln, die von allen eingehalten werden.

Denn aus den Antworten der Kinder aus dem vorherigen Kapitel wurde deutlich: Für ein Gefühl von Geborgenheit müssen Erwachsene da sein, die als Zufluchtsort empfunden werden. Primär sind das natürlich die Eltern. Aber auch an anderen Orten, wo Kinder sich aufhalten, ist es wichtig, dass zugewandte Erwachsene verfügbar sind, zu denen das Kind eine gute Bindung hat.

Für das gesunde Aufwachsen eines kleinen Menschen ist es nicht notwendig, dass im Zusammensein mit diesen Schutz gebenden Menschen immer eitel Sonnenschein herrscht. Im Gegenteil: An Schwierigkeiten wachsen große wie kleine Leute. Auch an zwischenmenschlichen Schwierigkeiten. »Reibung erzeugt Wärme«, sagt der Volksmund. Erwachsene dürfen auch mal poltern und toben. Das macht sie echt und erlebbar. Wichtig ist nur, dass sich kleine Menschen in Momenten, die ihnen besonderen Mut oder besondere Anstrengung abverlangen, eines sicheren Hafens gewiss sein können. Dass sie dann, wenn es *wirklich* brenzlig wird, wissen, dass sie nicht weggestoßen werden.

Ideal ist es, wenn Kinder neben ihren Eltern noch mehrere andere solcher »sicheren Häfen« in ihrem Leben haben. Nicht nur *können* kleine Menschen andere Erwachsene als Führung und Schutz annehmen – sie sind sogar von Natur aus so »verkabelt«, dass sie sich auf diese Weise orientieren.

So erzählt die Mutter des zehnjährigen Frithjof:

»Ich war geschäftlich unterwegs und echt nervös, weil ich Frithjof zwei Tage allein lassen musste und sein Vater auch erst spät abends nach Hause kommen konnte. Ich habe Frithjof dreimal gesagt, dass ich meine Handynummer und die seines Vaters an den Kühlschrank hänge. Irgendwann hat es ihm gereicht und er meinte: ›Mama, was soll das? Wenn mir was echt Schlimmes passiert, brauchst du eh mindestens drei Stunden, bis du hier bist. Ich würde dann sowieso einen anderen Erwachsenen um Hilfe bitten.‹ Es war ein unglaublich gutes Gefühl zu wissen: Ja, unser Dorf funktioniert. Da sind noch andere Erwachsene, die einspringen würden. Ich konnte danach beruhigt losfahren.«

Die Eltern steuern

Die meisten Erwachsenen, die ein neues Land bereisen, informieren sich vorher. Sie befragen das Internet, kaufen Reiseführer und lernen ein paar einfache Überlebenssätze in der Sprache des Gastlandes – »Entschuldigen Sie bitte, wo geht es zum Bahnhof?« oder »Ein Pfund Äpfel, bitte.«

● ● ● ● ●

Im Reiseführer finden sich auch Tipps zum Umgang mit Einheimischen und zu kulturellen Besonderheiten. Wenn der Reisende dann in dem fremden Land in einer fremden Stadt ein Auto mietet, bekommt er in der Regel selbst in Smartphone-Zeiten eine einfache Umgebungskarte dazu. Und die Option, für ein paar Euro mehr am Tag ein Navi zu nutzen.

Ein erwachsener Reisender ist also in der Lage zu kommunizieren und sich zu orientieren. Und dennoch steht er manchmal plötzlich hilflos da, weil der Zug auf einem anderen Gleis fährt und er die Ansage nicht so schnell verstehen konnte, oder weil die Zapfsäule an der einzigen Tankstelle in einem Umkreis von 50 km nicht funktioniert – kurz: weil er nicht weiß, wie er dorthin kommen kann, wo er gerade hin will.

Für Kinder, besonders für kleine Kinder, ist die ganze Welt so ein fremdes Land. Sie kennen die Regeln nicht, und sie wissen oft nicht, wie sie ein Ziel erreichen können. Oft wissen sie nicht einmal, wie sie mit Worten nach dem Weg fragen können.

Das kann überwältigend und unheimlich sein. Deswegen müssen starke Erwachsene da sein, an denen sich ein kleiner Mensch orientieren kann.

Peer ist sechs. Es geht im gerade nicht besonders gut. Peer haut. Peer macht Sachen kaputt. Er baut gern mit Bauklötzen hohe

»›Ich warte schon lange‹, sagte er, und wieder spürte sie, wie die Freude in ihr aufflammte, die Freude darüber, dass sie einen Bruder hatte, der sie erwartete.«

Astrid Lindgren, *Ronja Räubertochter*

Kindheit ohne Navi

Türme. Aber manchmal klappt das nicht so, wie er möchte. Wenn er sieht, dass andere Kinder Erfolg mit ihren Bauwerken haben, tut ihm das weh. Dann macht er die Bauwerke kaputt. Oder er haut oder tritt. Die anderen Kinder wollen nicht mehr mit ihm spielen.

»Peer möchte auch mitspielen«, sagt die Erzieherin.

»Peer ist sensibel«, sagt die Mutter.

Beides stimmt.

Peer möchte mitspielen, und Peer ist sensibel. Vor allem aber braucht Peer eine entscheidende Information: dass es nicht ok ist, anderen weh zu tun. Ihm tut es gut, wenn Eltern stark sind, die Verantwortung übernehmen, Entscheidungen treffen und auch deutlich Nein sagen.

»Kinder wie Peer stellen permanent eine Frage, auf die sie keine Antwort bekommen«, sagt Diplom-Psychologin Katrin Jill Hagemeyer. »Sie müssen wissen, dass zuverlässige Erwachsene da sind, die ihnen helfen, sich zurecht zu finden – ihnen sagen, was angebracht ist und was nicht. Es ist nicht repektvoll, diese Frage unbeantwortet zu lassen.«

Geborgenheit entsteht auch dadurch, dass ein Kind absolut sicher weiß: Meine Eltern steuern das Schiff. Ich kann hier auf dem

Oberdeck tun, was immer ich will. Ich bin sicher. Und ich bin immer und überall angenommen – mitsamt meinem Schmerz darüber, dass der Bauklotzturm umfällt und ich nicht mitspielen darf.

Das Bindungsdorf

Ein bekanntes afrikanisches Sprichwort lautet: »Man braucht ein Dorf, um ein Kind großzuziehen.« Ein Elternpaar allein reicht nicht. Man braucht andere Erwachsene, von denen die Kinder lernen können und zu denen sie liebevolle Beziehungen haben. Andere Kinder zum Spielen und Die-Welt-Erobern. In dem afrikanischen Sprichwort vom Dorf ist sicherlich keine westliche Vorortsiedlung gemeint, in der sich die Nachbarn kaum kennen, das ideale »Dorf« ist vielmehr ein funktionierendes Geflecht aus Menschen aller Generationen, die zusammenleben und ihre Alltagsaufgaben gemeinsam bewältigen. Dabei gibt es solche, die einem nahestehen, und andere, mit denen man nichts anfangen kann. Es gibt die, die man liebt, und jene, denen man besser aus dem Weg geht. Vor allem aber gibt es jede Menge große Menschen, die sich neben ihrem Alltag auch um viele kleine Menschen kümmern.

Auf der Suche nach ursprünglichen Eltern-Kind-Beziehungen hat die Anthropologin Sarah Blaffer Hrdy weltweit die Gepflogenheiten indigener Völker erforscht. Dabei hat sie festgestellt, dass es in gut funktionierenden Gesellschaften bei aller Unterschiedlichkeit eine Konstante gibt: Mütter ziehen ihre Kinder nicht im Alleingang auf. Stattdessen haben sie Hilfe durch viele »Allomütter« (Zusatz-

Sichere
Häfen

mütter). Solche Allomütter können alle möglichen Personen aus dem näheren Umkreis sein: Tanten, Onkel, Großeltern, Geschwister. Egal, ob am Nordpol oder am Äquator: Junge Familien in indigenen Völker leben nicht isoliert in Dreizimmerwohnungen oder schmucken Einfamilienhäusern, sondern in gewachsenen Dorf- oder Clangemeinschaften. Von ihnen können wir lernen, dass die idealen Betreuer unserer Kinder mit ihnen genauso liebevoll verbunden und vertraut sind wie wir selbst.

Aber auch mit Nachbarn, Freunden und bezahlten Betreuungspersonen können wir das aufbauen, was Gordon Neufeld ein »Bindungsdorf« nennt. Ein funktionierendes Bindungsdorf ist nicht nur für Kita-Kinder wichtig, sondern in allen Lebensbereichen und für Menschen jeden Alters. Ob im Verein, in der Schule, in der Nachbarschaft – überall profitieren kleine und große Menschen von einem gelebten Beisammensein.

Gelungene Eingewöhnung

In einem gewachsenen »Bindungsdorf« ist in der Regel keine längere Eingewöhnung notwendig, da das Kind die Betreuungspersonen bereits als vertrauenswürdig kennengelernt hat. »Mein Kind brauchte, als er zwei war, einfach andere Kinder«, erzählt Mathis' Mutter: »Abgesehen davon, dass ich wieder arbeiten wollte, war ich ihm auch nicht mehr genug. Was ich damals noch nicht

● ● ● ● ●

wusste: Er hätte zu diesen anderen Kindern vor allem auch mich gebraucht. Oder einen anderen zuverlässigen Erwachsenen, an dem er sich festhalten und orientieren kann. Den gab es in der Kita nicht. Dort war zu viel Unruhe. Deswegen hat er sich auch nicht wohlgefühlt. Vielleicht wäre eine Tagesmutter mit ganz wenigen Kindern für ihn besser gewesen. Am besten eine, die er schon lange kennt.«

Mit Mama und/oder Papa allein zu sein genügt den meisten Kindern irgendwann nicht mehr, da wir Menschen von Natur aus Rudeltiere sind. Bei aller Anregung, die Kinder durch andere Kinder erfahren, bleibt es jedoch wesentlich, dass sie einen zuverlässigen Erwachsenen in der Nähe haben, den sie mögen und als Bindungspartner anerkennen. Er gibt ihnen, was Gleichaltrige nie geben können: Halt, Orientierung, Geborgenheit.

Menschen sind Rudeltiere

Bei Tagesmutter oder Kita können Eltern dem Kind leicht zeigen, dass dieser neue Erwachsene, der da in ihr Leben tritt, vertrauenswürdig ist: einfach, indem sie selbst mit ihm freundschaftlich interagieren.

Blickkontakt. Lächeln. Nicken. – Erzählen. Lachen. Vertrauen. Auf diese Weise bekommt das Kind von »seinem« Erwachsenen die Information: Dieser Mensch ist in Ordnung. Ich vertraue ihm. Und du, mein Kind, kannst ihm auch vertrauen.

In der Kita

Damit ein Kind gut in der Kita ankommen kann, braucht es nicht nur das emotionale O. k. von seinen Eltern, sondern einfach auch Zeit, sich zu orientieren und an die neuen Erwachsenen anzuschließen.

Friedas Mutter berichtet: »Frieda ist erst in die Kita gegangen, als sie schon viereinhalb war. Das war für sie genau das richtige Alter und passte für uns alle. Trotzdem war es ihr wichtig, dass ich die ersten Tage noch ein wenig dort blieb, bis sie sich wirklich sicher fühlte. ›Sie testet das jetzt auch ein bisschen aus‹, hat ihre Erzieherin gesagt. Ich habe ihr geantwortet, dass ich kein weinendes Kind zurücklassen würde. Heute ist Anke eine meiner besten Freundinnen und Frieda liebt sie heiß und innig.«

Sicherheit braucht Zeit

Wenn Frieda morgens in den Kindergarten kam, leuchteten die Augen ihrer Lieblingserzieherin auf. »Guten Morgen, Frieda! Schön, dass du da bist. Ich hab mich schon auf dich gefreut.« Sie nahm Frieda emotional in Empfang.

Um jedes Kind wirklich empfangen zu können – um es gegebenenfalls auch auffangen zu können, wenn es Kummer hat – muss neben der grundlegenden Bereitschaft auch der Betreuungsschlüssel entsprechend hoch sein.

Woran merke ich, dass mein Kind sich wohlfühlt?

Manche Kinder lösen sich morgens schnell und unkompliziert, andere brauchen länger. Ebenso ist es beim Abholen. In solchen Fällen ist es auch nach der Eingewöhnung wichtig, genügend Zeit einzuplanen, damit sich das Kind in Ruhe innerlich aus der einen Situation verabschieden und in die neue Situation hineingehen kann.

»Wie war's heute in der Kita?«

Wer wäre nicht gern Mäuschen und würde seinem Kind bei den ersten Schritten in die Welt hinauszusehen? – »Hast du dich wohlgefühlt, mein Kind? Warst du sicher und geborgen ohne mich?«

MIT KINDERN INS GESPRÄCH KOMMEN

Tipps von Katrin Jill Hagemeyer, Diplom-Psychologin

Wenn Sie ein Kind nach einem langen, anstrengenden Arbeitstag (denn nichts anderes ist die Kita) fragen: »Na, was habt ihr heute so gemacht?«, dann antworten die meisten Kinder sehr allgemein. Zum Beispiel mit »Gespielt, gegessen«. Mehr ist aus ihnen schwer herauszubekommen. Denn Kinder leben im Hier und Jetzt. Und was vor einer Stunde war, ist schlecht abrufbar. Irgendwann –

ein paar Stunden, Tage oder Wochen später – fallen ihnen dann Begebenheiten ein, die sie berichten wollen. Aber wenn wir gerne wissen möchten, was das Kind heute Vormittag so alles erlebt hat, sind andere Strategien effektiver.

In einigen Kitas gibt es sogenannte Tür-und-Angel-Gespräche, bei denen sich die Erzieherin oder der Erzieher bei der Übergabe des Kindes noch kurz mit den Eltern unterhält. Da können die wichtigsten Ereignisse des Tages kurz berichtet werden. Andere Kitas lehnen das ab, mit der Begründung, dass es die Abläufe stören würde oder die Aufmerksamkeit der Erzieher von den Kindern ablenke. In solchen Einrichtungen könnte man sich eine Info-Tafel wünschen, auf der die Erzieher im Laufe des Tages stichwortartig aufschreiben, was an diesem Tag alles gemacht wurde.

Nach solch einem Tür-und-Angel-Gespräch oder einem Blick auf die Info-Tafel können Sie dem Kind auf dem Nachhauseweg gezielt Fragen stellen wie: »Ich hab gelesen, ihr seid in die Bücherhalle gegangen ...«, »Gab's da gute Bücher?«, »War der Weg weit?«, »Wie seid ihr denn dahin gekommen?«, »Hast du auch mit Pizza gebacken?«, »Hat die geschmeckt? Oder war sie eklig wie die bei Tante Klara neulich?«, »Wer musste denn die Bauecke sortieren?«, »Spielst du dort auch manchmal? ... Echt, mit wem denn?«

Solche Fragen können Kinder wesentlich besser beantworten. So erfahren wir etwas über das Vormittagsleben unserer Kinder und kommen mit ihnen ins Gespräch. Im Laufe eines solchen Gesprächs können dann auch missglückte Situationen, die das Kind beschäftigen, besprochen werden. Aber nicht jedes Kind will immer Bericht erstatten. Im Wesentlichen geht es um den Kontakt zueinander. Darum, dass Eltern zuhören, wenn ihre Kinder etwas zu erzählen haben.

Geborgen in der Natur

Wenn sich Frieda und Mathis auf den Weg zu ihrem Baumhaus hinter dem Gebüsch machen, dann wissen ihre Eltern ganz genau, wo sie sind. Denn ab und zu dürfen die Erwachsenen mit und den schön geschmückten Puppentisch oder den neuen Tuscheanstrich des Geländers bewundern. Danach sind die Kinder wieder für sich.

Neben dem Vertrauen zu anderen Sicherheit bietenden Erwachsenen können Eltern ihren Kindern noch etwas anderes schenken: Das Gefühl, in der Natur sicher und geborgen zu sein. Vielleicht ist das erst einmal in einer unbeobachteten Ecke im Garten. Wenn die Kinder älter werden, wird ihr Radius größer.

Für viele Eltern ist das Loslassen an dieser Stelle zunächst nicht einfach. Die Wildnis ist oft unbekannt, unvertraut. Wir verstehen

»Und sie kommen zu ihrer Höhle, ihrem Heim in der Wildnis. Dort ist alles wie früher, vertraut und wohlbekannt. Der Fluss, der da unten rauscht, die Wälder im Morgenlicht, alles ist, wie es war. Der Frühling ist neu, aber er ist, wie er immer war.«

Astrid Lindgren, *Ronja Räubertochter*

• • • • •

sie nicht mehr. Unsere Kinder unbeaufsichtigt draußen zu lassen, stellt für die meisten von uns eine riesige Herausforderung dar. Kaum irgendwo neigen wir so zum Überbehüten, wie wenn unsere Kinder in der Natur sind. Weil wir selbst inzwischen Angst vor unserer natürlichen Umgebung haben. Wir lassen unsere Kinder zwar allein in die Tiefen des Internets vordringen, aber allein durch die Wälder stromern dürfen sie nicht mehr.

Wir tun ihnen und uns nichts Gutes, wenn wir den Raum, in dem wir uns bewegen, immer kleiner und steriler werden lassen. »Man liebt nur, was man kennt, und man schützt nur, was man liebt«, meinte Konrad Lorenz, der bekannte Tierverhaltensforscher. Robert Bateman, engagierter Künstler und Fotograf aus Amerika, beobachtete dasselbe: »Wenn man etwas nicht benennen kann, wie kann man es dann lieben? Und wenn man es nicht liebt, dann ist es einem vollkommen schnurz, ob es erhalten wird oder ob man sich dafür einsetzt, dass es erhalten bleibt.« Allein aus diesem Grund sollten Eltern dafür Sorge tragen, dass Kinder die Chance haben, die Natur zu kennen und zu lieben.

Die Natur ist dann im Idealfall ebenfalls ein Ort, der Zuflucht und Schutz, Umfangen und Geborgenheit bietet. Wenn unsere Kinder aber die Wälder nicht mehr kennen, wie sollen sie sich dann in ihnen geborgen fühlen? Wie sollen sie sich in den Schoß der Mutter legen, wenn sie ihn nicht einmal als Schoß erkennen?

Zurück zur Geborgenheit der Natur

Wann haben wir angefangen, unsere Kindern vor der Welt zu schützen bis zur Erfahrungstaubheit, wie der Biologe und Philosoph Andreas Weber das in seinem Buch *Mehr Matsch! Kinder brauchen Natur* nennt? Seit wann sind Indoor-Spielplätze mit TÜV-geprüften Plastikrutschen nach unserem Empfinden ein angemessenerer Ort für Kinder als schlammige Berghänge mit Lianen? Wie konnte es geschehen, dass die Natur zu etwas Bedrohlichem wurde? Und vor allem: Wie kommen wir wieder zurück?

Die kleine Wildnis nach Hause einladen

Natur kann
überall sein

Julia ist acht. Sie hat sich überlegt, dass es für die Eltern bestimmt eine schöne Überraschung wäre, wenn zu Ostern niedliche kleine Osterküken durch den Garten laufen würden. Wenn Eier spitz zulaufen, hat sie gehört, dann sind sie befruchtet. Sie weiß nicht genau, was das bedeutet, aber sie weiß: Wenn Eier befruchtet sind, dann können Küken rauskommen.

Also sucht sie die spitzesten Eier aus dem Kühlschrank und legt sie unter ein Kissen in eine Pappschachtel. Die Schachtel stellt sie auf die Heizung. Eine Henne zum Brüten hat sie ja nicht. Aber sie hat neulich gelernt, dass ganz kleine Babys manchmal in einen Brutkasten kommen. Das hat sie auf die Idee gebracht, dass sie sich für die Küken selbst einen Brutkasten bauen könnte. Nach drei Tagen kommen immer noch keine Küken aus den Eiern. Julia legt sie zurück in den Kühlschrank.

● ● ● ● ●

Daniel, ebenfalls acht Jahre alt, findet eine verpuppte Raupe auf dem Fußweg und trägt sie behutsam ins Haus. Er baut aus Lego einen Baum für die Puppe und hängt sie daran auf. »Ich kann ihm doch nicht sagen, dass das völliger Unsinn ist und wir dieses vertrocknete Ding irgendwann wegwerfen werden«, erzählt seine Mutter. Eine ganze Zeitlang geschieht nichts. Die Puppe hängt am Legobaum und sieht unverändert trocken aus. Doch dann, eines Tages, schlüpft tatsächlich ein bunter Falter aus der Puppe an Daniels Legobaum. Daniel und seine Eltern sehen gemeinsam dabei zu.

Julia und Daniel sind bei ihren Naturexperimenten einfach ihrer Neugier gefolgt. Die Eltern haben dabei nichts getan außer sie in Ruhe zu lassen.

Es genügt, dem Wunsch der Kinder nach Wildnis einfach nicht im Wege zu stehen und dem eigenen Wunsch nach mehr Natur bewusst zu folgen, wann immer der Impuls auftaucht: die Schuhe auszuziehen und den Waldboden barfuß zu betreten, im Garten eine wilde Ecke einzurichten, einem Tier ein Zuhause zu geben oder die Tomaten in diesem Jahr selbst anzupflanzen. Und nicht »Igitt« zu kreischen, wenn das kleine Kind eine Spinne oder Schnecke mit ins Haus bringt.

GEBORGEN
in Büchern

Lesen, Vorlesen und Geschichtenerzählen ist viel mehr als Unterhaltung. **Bilderbücher verbinden,** regen die Fantasie an, lassen Sprache wachsen und machen kreativ.

Lob dem Vorlesen

Abends ist Friedas Mama geschafft. Sie hat gegeben, was sie zu geben hat. Sie hat ihre Arbeit erledigt, das Mittagessen gekocht, sie hat Frieda vom Kindergarten abgeholt und den Haushalt gemacht. Dann hat sie mit Frieda und Mathis Drachen gebastelt und den Kindern geholfen, die Bastelsachen wieder wegzuräumen. Sie hat sich eine Zirkusvorstellung angesehen, bei der zwei Löwen wie aufgezogen immer wieder um das Wohnzimmer gelaufen sind. Zwischendurch hat sie mit ihrem Arbeitgeber telefoniert. Es war eins der wenigen Erwachsenengespräche, die sie geführt hat.

»Ich liebe es, mit den Kindern zusammen zu sein«, sagt sie. »Die sind wunderbar. Sie sind so quirlig und lebendig, neugierig auf das Leben, voller Offenheit und Forscherdrang. Aber manchmal kann ich einfach nicht mehr. Das Einzige, was dann gerade noch geht, ist Vorlesen.«

Kaum eine Mutter, kaum ein Vater wird bezweifeln, dass das Leben mit Kindern auch sehr anstrengend sein kann, vor allem, wenn ein Elternteil es allein bewältigen muss. Das ist weder die Schuld der Eltern noch die des Kindes. Es liegt einfach in der Natur der Dinge.

Wenn die elterlichen Akkus leer sind, es beim besten Willen nicht mehr möglich ist, noch das allerkleinste Rollenspiel mitzuspielen, das letzte bisschen Geduld beim kindlichen »Mithelfen« aufzubringen, bedeutet dies nicht, dass Eltern und Kind nicht trotzdem Geborgenheit genießen können: durch Vorlesen. Sich gemeinsam aufs Sofa oder unter die Bettdecke zu kuscheln und Geschichten vorzulesen stiftet Nähe und Verbindung, ohne dass Eltern viel von sich geben müssen.

Mathis ist nach Hause gegangen, Frieda liegt in Mamas Arm gekuschelt neben ihr auf dem Sofa. Mama liest vor. Frieda kennt das Buch auswendig, deswegen kann sie sich mit Mama abwechseln.

»Hier ist alles viel größer, Bär«, sagt Frieda, als sie an der Reihe ist. Sie freut sich, dass sie Mama gerade ihre Lieblingsstelle »vorlesen« kann, die Stelle, als der Bär und der Tiger anfangen, ihr Haus zu reparieren, der Bär das Dach deckt und der Tiger einen Schaukelstuhl baut. Frieda liest lange. »Und sie hätten nie erfahren, wie gemütlich so ein schönes weiches Sofa aus Plüsch ist«, endet sie und fügt hinzu: »Genau wie unsers, Mama. Aber Mathis hat noch ein tolleres Sofa. Das ist ganz groß und rot.«

Vorlesen gegen schlechte Stimmung

Vorlesen ist neutral genug, wenn ein Kind nach Missstimmungen wieder Nähe braucht und auf direktere Weise noch nicht annehmen kann. Allein die körperliche Nähe erzeugt ein Gefühl der Verbundenheit, in dem es beiden Seiten leichter fällt, Gefühle miteinander zu teilen. Durch die Auswahl eines passenden Buches lässt sich unter Umständen sogar ein Konflikt klären.

Kinder empfinden genau wie Erwachsene »vielfältig und bunt«, wie Kita-Leiterin und Heilpädagogin Ina Zeyn sagt. »Es ist wichtig«, fügt sie hinzu, »dass wir über diese Gefühle sprechen.«

Schon für Erwachsene ist es nicht einfach, ihre Gefühle präzise und unmissverständlich auszudrücken. Noch schwieriger ist es für sie oft, die von Kindern rudimentär ausgedrückten Gefühle oder Erlebnisberichte richtig einzuordnen.

Vorlesen gegen kindliche »Schwerhörigkeit«

Kinder können ihre »vielfältigen und bunten« Erfahrungen und Gefühle allein deswegen nicht immer äußern, weil ihnen die Worte dafür fehlen. Mit Sicherheit hat ein beträchtlicher Teil der Wutanfälle von Zwei- und Dreijährigen ihren Ursprung in der Frustration, dass das Kind schlicht nicht ausdrücken kann, was es sagen will. »Es ist sogar so«, schreibt Psychologin Martine Delfos, »dass Wutanfälle und das Schlagen anderer Kinder bei vielen Kindern ab drei Jahren abnehmen. Also von dem Moment an, wenn sie sich einigermaßen sprachlich verständlich machen können.«

Nicht nur im Bereich der greifbaren Welt (»Gib mir mal den Traktor«) lernen Kinder, sich mitzuteilen, sondern vor allem auch dort, wo nicht Greifbares ausgedrückt wird. Mit Hilfe von Geschichten und Büchern setzen sich die Kinder mit Gefühlen auseinander und haben so mit der Zeit immer mehr Worte dafür zur Verfügung.

Auch gezieltes Nachfragen müssen Kinder erst lernen – was verblüfft, wenn man an die »Warum?«-Phase denkt, in der alles hinterfragt wird. Bei den meisten Kindern folgt darauf die »Was?«-Phase (oder »Häh?«-Phase). Viele Mütter und Väter gehen mit ihren Kindern in dieser Zeit zum Hörtest, weil das Kind die von ihnen gegebenen Antworten nicht zu verstehen scheint und immer wieder dasselbe fragt.

Erstaunlich: Bis zum Alter von etwa zehn Jahren fehlt Kindern die Möglichkeit, Fragen präzise zu formulieren, selbst wenn sie sonst einen großen Wortschatz haben. Das heißt, die beständigen Wiederholungsfragen haben nichts mit mangelndem Gehör oder mangelnder Aufmerksamkeit, sondern vielmehr mit noch nicht ausgereifter Ausdrucksfähigkeit zu tun.

Die »schwerhörigen« Kinder stellen immer wieder dieselbe Frage, weil es ihnen nicht gelingt, sie so zu formulieren, dass sie eine befriedigende Antwort darauf erhalten.

Auch dabei kann eine Kultur des Lesens und Vorlesens, eine Kultur der Sprachliebe, eine Hilfestellung bieten. Eltern können zum Beispiel nachhaken: »Du hast doch vorhin nach dem großen Kran gefragt. Ist das hier in diesem Buch das, was du gemeint hast?«

»Die Sterne über uns wurden immer mehr. Wir lagen auf dem Rücken, und zwischen den kleinen Sternen tauchten kleinere auf und zwischen den kleineren noch kleinere, und das Schwarz sackte immer weiter weg.
›Das ist Wahnsinn‹, sagte Tschick.
›Ja‹, sagte ich, ›das ist Wahnsinn.‹«

Wolfgang Herrndorf, *Tschick*

Gefühle in Worte fassen

Frieda und ihre Mama liegen nach einem »Familiengewitter« gemütlich auf dem Sofa. Friedas Mama liest vor. In der Geschichte gibt es auch einen Streit. Friedas Mama legt das Buch einen Augenblick zur Seite.

»Als wir uns eben gestritten haben, ging es dir da auch so wie dem Bären? Hast du dich über mich geärgert und fandest mich richtig richtig doof?«

»Hm«, macht Frieda.

»Warst du wirklich knisterwütend?«

»Ja.«

»Ich auch«, sagt Friedas Mama. »Aber jetzt ist es bei mir schon wieder besser. Bei dir auch?«

Familien- gewitter

Bei »Krisengesprächen« mit Kindern ist es ganz wichtig, klarzumachen, dass jede Antwort akzeptabel ist. Den meisten Kindern ist der Erhalt der guten Stimmung sehr wichtig, und sie sagen das, von dem sie glauben, dass es sie diesem Ziel näher bringt. Das muss nicht unbedingt die objektive Wahrheit sein.

Wenn in der Familie eine Offenheit herrscht, in der alle Gefühle – seien es Begeisterung, Freude, Zorn oder Trauer – erlaubt sind,

• • • • •

hilft das Kindern dabei, nach und nach immer besser ohne Verletzungen den wirklichen Empfindungen Ausdruck zu geben.

Beim Sprechen über Gefühle und Begebenheiten müssen die Erwachsenen sich klarmachen, dass kleinen Kindern nicht bewusst ist, dass andere nicht automatisch das wissen, was sie selbst wissen. Erwachsene müssen ihnen dies explizit sagen, vor allem, wenn es um Ereignisse geht, die das Kind sehr beeindrucken: »Ich weiß das nicht. Ich war ja nicht mit dabei in der Kita. Ich würde mich also freuen, wenn du es mir erzählst. Bist du richtig hoch geschaukelt?«

Solange es sich um positiv besetzte Gefühle handelt, reagieren wir auch meist spontan positiv: »Das kann ich mir gut vorstellen, dass das Spaß gemacht hat.«

Bei Konflikten geraten wir jedoch oft reflexartig in einen Modus des Tröstens. »Wie war das, als Moritz und du euch gestritten habt? War das so ähnlich wie bei dem kleinen Bären und dem kleinen Tiger?«

Zustimmung und Trost

»Ja. Moritz ist echt doof. Den hau ich kaputt.«

Spätestens an dieser Stelle fangen Erwachsene an zu beschwichtigen (»Ärger dich nicht. Morgen sieht das schon ganz anders aus«) oder zu erziehen (»Na, so was sagt man doch nicht«). In der Regel fühlt sich das Kind aber von keiner der beiden Reaktionen be-schwichtigt oder getröstet, sondern schlicht unverstanden. Sinn-voller ist es deswegen, auch Wut und Ärger konkret zu benennen – und sie dann erst einmal stehen zu lassen.

»Du hast dich geärgert.«

»Ja.«

Vielen Kindern hilft es auch, wenn sie Platzhalter an die eigene Stelle setzen können. Mathis' Mutter hat von der Mutter von Ma-this' Freund Tom gehört, dass es im Kindergarten Tränen gegeben hat. Sie weiß auch, dass Mathis darüber nicht direkt sprechen wird. Deswegen nimmt sie gern ein Buch zu Hilfe. Sie liest die Ge-schichte vor, in der der Tiger das Schweinchen besucht und der Bär vergeblich auf ihn wartet.

Lesen als Abenteuer

»Ich glaube«, sagt sie, »für den Tiger ist das ganz schön schwierig. Der weiß gar nicht richtig, mit wem er spielen will.« Mathis nickt. Er spricht eine ganze Weile darüber, in welcher Zwangslage der Tiger gesteckt hat. Dann springt er auf und geht Lego bauen.

Philosophieren mit Kindern

Das Kaninchen seines Kindergartenfreundes Jan ist gestorben. Mathis und sein Freund haben es zusammen mit Jans Mutter begraben. Dann haben die Jungs einen Grabstein gemacht und Blumen auf das Grab gelegt. Mathis weiß, dass das Kaninchen jetzt dort in der Erde ist, aber so richtig kann er sich das dennoch nicht vorstellen. »Schnuffel kann jetzt gar kein Gras mehr fressen«, sagt Mathis.

Bilderbücher eröffnen Kindern auch Möglichkeiten, mit Erwachsenen über die ganz großen Fragen zu sprechen, von Leben und Tod über die Unendlichkeit des Universums bis hin zu der Überlegung, warum die Blume weiß, wann es Zeit ist zu blühen – und warum sie überhaupt »Blume« heißt und nicht vielleicht »Erbse«. Ein Geschenk auch für Erwachsene, wieder über scheinbar Selbstverständliches zu staunen und ein wenig Magie in unsere Lebenspragmatik einfließen zu lassen!

Hier können wir einen Schatz heben, der in vielen Bilderbüchern verborgen liegt. Gerade wenn es um Themen geht, die für Erwachsene auch schwer fassbar (wie die Unendlichkeit) oder tabuisiert sind (wie der Tod), können Bücher die Zungen lösen.

»Mit dem Philosophieren soll man getrost schon in der Jugend beginnen, aber im Alter auch nicht müde davon ablassen. Denn um für seine seelische Gesundheit etwas zu tun, ist keiner zu jung oder zu alt ... Also philosophieren muss der junge wie der alte Mensch; dieser, damit er jung bleibt im dankbaren Genuss des Guten, das die Vergangenheit ihm schenkte, und jener, damit er furchtlos in die Zukunft blicken kann und dadurch jung und alt zugleich ist.«

Epikur

Dadurch, dass Kinder mit ihren Eltern auch über solche Themen vertrauensvoll sprechen können, wächst noch mal eine neue Ebene der Bindung und Geborgenheit, die immer wichtiger wird, je älter die Kinder werden. Denn mit zunehmendem Alter wird die Verbindung in der Familie in der Regel weniger körperlich, sondern

PHILOSOPHIEREN

- steigert das Selbstwertgefühl der Kinder. Es wird ihnen bewusst, dass ihre Gedanken wertvoll sind. In sogenannten »Hauptfächern« schwächere Kinder erfahren, dass sie interessante, bisweilen einzigartige Gedanken produzieren. Deshalb trauen sich auch leistungsschwächere Schülerinnen und Schüler, beim Philosophieren aktiv mitzuwirken.
- trägt dazu bei, fächerübergreifende Zusammenhänge erkennen zu lernen.
- setzt die Entwicklung einer demokratischen Gesprächskultur voraus und kann auf diesem Wege einen Beitrag zum Aufbau von Demokratieverständnis leisten. Dazu gehören die im philosophischen Diskurs immer wieder praktizierte Kultivierung der Menschenrechte, gegenseitige Respektierung, Tolerierung und Solidarität.

- über ethische Fragen bietet Orientierungshilfe. Anhand von Beispielen lassen sich Handlungsalternativen erwägen und abwägen. Reflexion über das eigene Handeln kann auf diese Weise zur Gewohnheit werden. Philosophieren im ethischen Sinne ist somit der Gegenentwurf zu den verschiedenen Formen der Moralpädagogik.
- verfolgt das Ziel, zur Achtung vor Gedanken und Leistungen Andersdenkender zu erziehen. Es wirkt der Gefahr dogmatischer Verfestigung und ideologischer Manipulation in Grundfragen des Denkens und Lebens entgegen.
- erzeugt nicht selten Interesse, Freude und Lust der Kinder an Abenteuern im eigenen Kopf.

Hans-Joachim Müller, *www.philosophieren-mit-kindern.de*

findet zunehmend auf andere Weise statt: durch Gespräche und gemeinsame Erlebnisse. Je früher Kinder wissen, dass sie mit ihrem Gesprächsbedarf über wichtige Dinge auf elterliche Gegenliebe stoßen, desto besser.

Genau genommen fängt die Familienphilosophie schon mit der »Warum?«-Phase ab dem zweiten Lebensjahr an. Hier erfährt das Kind, ob seine Fragen ernst genommen werden, und merkt, ob die Eltern versuchen, es zu verstehen und seine Fragen wirklich zu beantworten.

Friedas Mutter erinnert sich: »Es gab so viele Momente, in denen Frieda ein Problem ganz dringend lösen wollte. Manchmal gelang es mir, für sie befriedigende Antworten zu finden, aber einmal sah

sie mich mit einer Mischung aus Ungeduld und fast schon Ver-
zweiflung an und sagte: ›Ja, aber WARUM, Mama? WARUM?‹ Ich
musste ihr damals sagen, dass ich es auch nicht weiß, aber gern
wissen würde. Sie hat noch ein bisschen nachgedacht und ist
dann neben mir eingeschlafen.«

Vorlesen stärkt nicht nur die Verbundenheit und schult die Möglichkeit, Gefühle auszudrücken. Vorlesen gibt Kindern auch Power
für die Schule. Wenn sie mit den Helden mitfiebern und dabei
Emotionen ausleben oder wenn sie anhand von Sachbüchern Zusammenhänge erschließen, merken sie gar nicht, dass sie nebenbei kinderleicht »Deutsch« lernen: den Wortschatz vergrößern,
Grammatikregeln verinnerlichen, den Ausdruck verbessern.

Wer Lesen als Abenteuer kennengelernt und die Liebe zu Büchern
mit auf den Weg bekommen hat, der hat gute Voraussetzungen,
auch später Bücher und Sprache wertzuschätzen.

Bücher stiften Rituale

Menschen sind Gewohnheitstiere. Wir mögen es, Dinge wieder
und wieder zu tun. Das Vertraute gibt uns Geborgenheit und Sicherheit. Wir wissen, was von uns erwartet wird, wir kennen die
Spielregeln. Je öfter wir etwas tun, desto vertrauter und geliebter
wird es uns. Aus zunächst zufällig entstandenen Wiederholungen

wachsen oft Familienrituale, die jahrelang gepflegt werden, wie zum Beispiel das gemeinsame Lesen.

Manche Familien treffen sich morgens im großen Bett, um ein Kapitel aus dem Lieblingsbuch zu lesen. Andere finden sich abends zusammen, um nach und nach zur Ruhe zu kommen und vielleicht mit Hilfe der Geschichte den Tag noch einmal Revue passieren zu lassen. Nach dem Ende der Geschichte können die Eltern noch ein paar Minuten beim Kind im Bett liegen (oder am Bett sitzen) bleiben. So hat das Kind Zeit, die Geschichte »sacken zu lassen« und in diesem geborgenen Rahmen noch ein wenig von seinem Tag zu erzählen.

Die Pädagogin Ina Zeyn sagt dazu: »Es ist so wichtig, Zeit zuzugestehen. Zu signalisieren: Ich bin da. Ich höre zu. Ich drängele

Im Lese-Nest

nicht.« Diese Zeit lässt sich zum Ritual machen, sodass sie für immer zum Leben dazugehört.

Vorlesen geht überall. Auf dem Flughafen oder im Zug, zu Hause auf dem Sofa, auf dem Teppich oder kopfüber von der Schaukel hängend. Beim Entwickeln eigener Vorleserituale können Eltern der Kreativität freien Lauf lassen: Sei es das Pixi-Buch nach der Kita, wenn sie mit dem Kind im Gras liegen und beim Vorlesen gegen die Sonne blinzeln, oder die jedes Jahr gleiche Weihnachtsgeschichte am Morgen des Heiligen Abends.

ZUM WEITER- LESEN

KINDERBÜCHER

Silke Brix
Ich komm ja schon!

Olga hat viel zu tun, während ihre Eltern sie rufen, auf sie warten und immer ungeduldiger werden. Besonders schön dargestellt ist Olgas Perspektive, die Ernsthaftigkeit, mit der sie tut, was sie sich vorgenommen hat. Selten kommt ein Bilderbuch aus einer Hand. *Ich komm ja schon!* hat Silke Brix nicht nur geschrieben, sondern auch wunderbar bebildert.

Leo Lionni
Fisch ist Fisch

Die kleine Plötze und die kleine Kaulquappe wachsen als Freunde zusammen im Teich auf. Eines Tages ist aus der Kaulquappe ein Frosch geworden, der den Teich verlässt und nur noch gelegentlich zurückkehrt und seinem Freund magische Geschichten von der Welt jenseits des Wassers erzählt. Der Fisch möchte diese Welt kennenlernen und springt aufs Land. Am Ende des Abenteuers stellt er fest, dass seine Welt die schönste aller Welten ist.

Ulf Nilsson & Eva Eriksson
Die besten Beerdigungen der Welt

Ester und ihr Freund, der die Geschichte erzählt, finden eine
tote Hummel und beerdigen sie. Damit beginnt eine ganze
Reihe von Beerdigungen, eine besser als die andere. Zusammen mit Esters kleinem Bruder Putte gründen sie schließlich
sogar die »Beerdigungen AG«: »Ester war für das Graben
zuständig. Ich würde die Gedichte schreiben. Und Putte sollte
weinen.« Ganz unaufgeregt werden in diesem lustigen und
dennoch tiefgängigen Buch Sterben und Sterblichkeit zum
Thema.

Lorenz Pauli & Kathrin Schärer
Mutig, mutig

Maus, Schnecke, Frosch und Spatz vereinbaren eine Mutprobe
und stellen dabei fest, dass Mut für jeden etwas anderes
bedeutet. Was für den Frosch einfach ist, verlangt der Maus
immensen Mut ab. So lernen sich die vier gegenseitig zu
unterstützen, auch als der Spatz ihnen eine überraschende
Probe seines Mutes ablegt. Eine tiefgründige Geschichte über
Authentizität, Toleranz und Mut.

Rafik Schami & Kathrin Schärer
»Hast du Angst?«, fragte die Maus

Die kleine Maus Mina kennt keine Angst, also macht sie sich
auf den Weg, die Angst zu erforschen. Auf dem Weg trifft sie
verschiedene Tiere, die ihr helfen sollen, aber keine der
Begegnungen ist befriedigend für sie. Der Löwe brüllt laut,
aber Angst kommt aus seinem Maul nicht heraus. Das Nil-
pferd findet Hunger schlimmer als Angst, der Elefant hätte
gern mal die Gänsehaut, die man von Angst bekommt. Und so
geht es weiter, bis zum versöhnlichen Ende. Rafik Schami
erzählt poetisch eine wunderbare Geschichte über Angst und
Geborgenheit.

Anaïs Vaugelade
Steinsuppe

Ein alter Wolf klopft an die Haustür der Henne und bittet um
Einlass mit der Aussage, er wolle sich aufwärmen und Steinsuppe kochen. Die Henne hat noch nie etwas von Steinsuppe
gehört und lässt den Wolf hinein. Die Nachbarn machen sich
Sorgen und kommen dazu. Jeder leistet einen Beitrag zur Suppe, und so ist am Ende eine prächtige Gemüsesuppe zusam-
mengekommen. Der Wolf bleibt rätselhaft. Nie wird klar, ob er
wirklich harmlos ist. Eine prima Einladung, über Gut und Böse,
Vorurteile, echte Gefahren und »Was wäre wenn ...« zu sprechen.

QUELLEN-NACHWEIS

OH, WIE SCHÖN IST ...

Hans Mogel: *Geborgenheit. Psychologie eines Lebensgefühls.* Springer Verlag 1995

WAS GEBORGENHEIT AUSMACHT

John C. Eccles: *Die Evolution des Gehirns – die Erschaffung des Selbst.* Piper Verlag 1999

Sue Gerhardt: *Die Kraft der Elternliebe. Wie Zuwendung das kindliche Gehirn prägt.* Patmos Verlag 2006

Gordon Neufeld: *Unsere Kinder brauchen uns! Die entscheidende Bedeutung der Kind-Eltern-Bindung.* Genius Verlag 2006

Herbert Renz-Polster/Gerald Hüther: *Wie Kinder heute wachsen. Natur als Entwicklungsraum.* Beltz Verlag 2013

Kerstin Uvnäs Moberg: *The Oxytocin Factor: Tapping the Hormone of Calm, Love and Healing.* Da Capo Press 2003

Geborgenheit geben

Jane Goodall: *Mein Leben für Tiere und Natur.* Bassermann Verlag 2010

Robin Grille: *Parenting For A Peaceful World.* Vox Cordis Press 2013

Rita Messmer: *Ihr Baby kann's! Selbstbewusstsein und Selbstständigkeit von Kindern fördern.* Beltz Verlag 2013

Margot Sunderland: *Die neue Elternschule. Kinder richtig verstehen und liebevoll erziehen.* Verlag Dorling Kindersley 2010

Geborgen in Büchern

Martine F. Delfos: *»Sag mir mal ...« Gesprächsführung mit Kindern (4–12 Jahre).* Beltz Verlag 2013

Hans-Joachim Müller: *philosophieren-mit-kindern.de*

Hans-Bernhard Petermann: *Kann ein Hering ertrinken? Philosophieren mit Bilderbüchern.* Beltz Verlag 2007

Inge Sleeboom/Katrien van de Vijfeijken/Joop Hellendoorn: *»Was bewegt dich?« Helfende Gespräche mit Kindern (3–12 Jahre).* Beltz Verlag 2013

DANK-
SAGUNG

So in den letzten Zügen liegend, überfällt mich eine riesige Dankbarkeitswelle für alle, die dieses Buch möglich gemacht haben.

Ich danke den Kindern, die geduldig und ernsthaft meine Fragen beantwortet haben. Ihr habt mich sehr beeindruckt! Auch den Müttern danke ich, die ihre Kinder befragt und die Antworten an mich weitergegeben haben, wenn mir das selbst nicht möglich war. Es hat mich sehr erfreut und teilweise erheitert, die weisen Worte der kleinen Menschen zu lesen oder sogar als mp3 zu hören. Danke!

Ein ebenso fetter Dank geht an Katrin Hagemeyer für ihre wertvollen Anregungen und ihre beständige Bereitschaft, mir psychologische und persönliche Fragen zu beantworten.

Ina Zeyn danke ich für ihre Einsichten in den bunten quirligen Kindergartenalltag und den köstlichen Tee.

Meinem großartigen Lektor Tarek Münch vom Beltz-Verlag für die vielen lustigen und konstruktiven Telefonate, Gespräche und geistigen Pingpong-Spiele.

Mein Sohn und mein Mann sind geübt darin, in einem kreativen Haushalt zu leben, in dem sich jeder seine Socken selbst aus dem Korb mit der nicht weggepackten Wäsche klauben muss. Trotzdem kann ich diese Chance nutzen, um Danke zu sagen für eure Geduld und dafür, dass ihr immer zuverlässig wisst, ob mein Schlüssel im Kühlschrank oder neben dem Waschbecken liegt.

Danke.

Gelassen erziehen

Jesper Juul bestärkt Eltern auf seine unnachahmliche Art, einen neuen, gelassenen Zugang zum alltäglichen Familienchaos zu finden …

Ist Gleichberechtigung der Schlüssel zu einem freundlichen Familienklima? Wie findet man im täglichen Umgang mit den Kindern sein Gleichgewicht im Leben? Kinder brauchen keine perfekten Eltern, aber sie brauchen Eltern, die wie Leuchttürme sind: Mütter und Väter, die ihnen Orientierung bieten und die respektvoll ihre Verantwortung in der Familie ausfüllen.

Besonders hebt der berühmte Familientherapeut in seinen Gesprächen mit Eltern hervor, dass nicht nur die liebevolle Beziehung zwischen den Eltern und den Kindern, sondern auch die Qualität der Elternbeziehung maßgeblich zur Erziehung beiträgt.

»Jesper Juul ist Europas gefragtester Pädagoge der Gelassenheit.«
DIE ZEIT

Jesper Juul
Elterncoaching – Gelassen erziehen
Aus dem Schwedischen von Kerstin Schöps
broschiert, 272 Seiten,
vierfarbig mit vielen Fotos
ISBN 978-3-407-85984-6

Die Kunst, mit Kindern zu sprechen

Gute Gespräche mit Kindern und Jugendlichen zu führen ist gar nicht so einfach – nicht nur die Suche nach dem passenden Zeitpunkt, sondern auch »brisante« Themen können Erwachsene vor große Herausforderungen stellen.

Mit diesem Buch finden Sie Zugang zu den inneren Welten von Kindern, zu ihren Wünschen und Fantasien, aber auch zu Ängsten und Sorgen: einschneidende Veränderungen in der Familie, Geschwisterrivalität, Verlust einer wichtigen Person durch Trennung oder Tod, Arbeitslosigkeit der Eltern, Freundschaften und Beziehungen, Ausgrenzung, Sexualität und Aggression.

Die Autoren machen die Sprache von Kindern in ihrer Entwicklung nachvollziehbar. Anhand zahlreicher Beispiele aus dem Alltag zeigen sie die eigene Logik und den besonderen Witz, denen wir im kindlichen Sprechen begegnen.

»Was tun, wenn ein Kind keine Argumente annimmt und Erklärungen schuldig bleibt? Antworten darauf haben die drei niederländischen Autoren gefunden.« Sonntag Aktuell

Sleeboom, van de Vijfeijken, Hellendoorn
Was bewegt dich?
Helfende Gespräche mit Kindern
Aus dem Niederländischen von Verena Kiefer
broschiert, 208 Seiten
ISBN 978-3-407-85957-0